KB061286

07
본격
한중일
세계사

본격 한중일 세계사

07 흥선대원군과 병인양요

초판 1쇄 발행 2020년 3월 20일 **초판 4쇄 발행** 2024년 6월 19일

지은이 굽시니스트
펴낸이 최순영

출판2 본부장 박태근
지적인 독자 팀장 송두나

펴낸곳 ㈜위즈덤하우스 **출판등록** 2000년 5월 23일 제13-1071호
주소 서울특별시 마포구 양화로 19 합정오피스빌딩 17층
전화 02) 2179-5600 **홈페이지** www.wisdomhouse.co.kr

ISBN 979-11-90630-78-8 04900
979-11-6220-324-8 (세트)

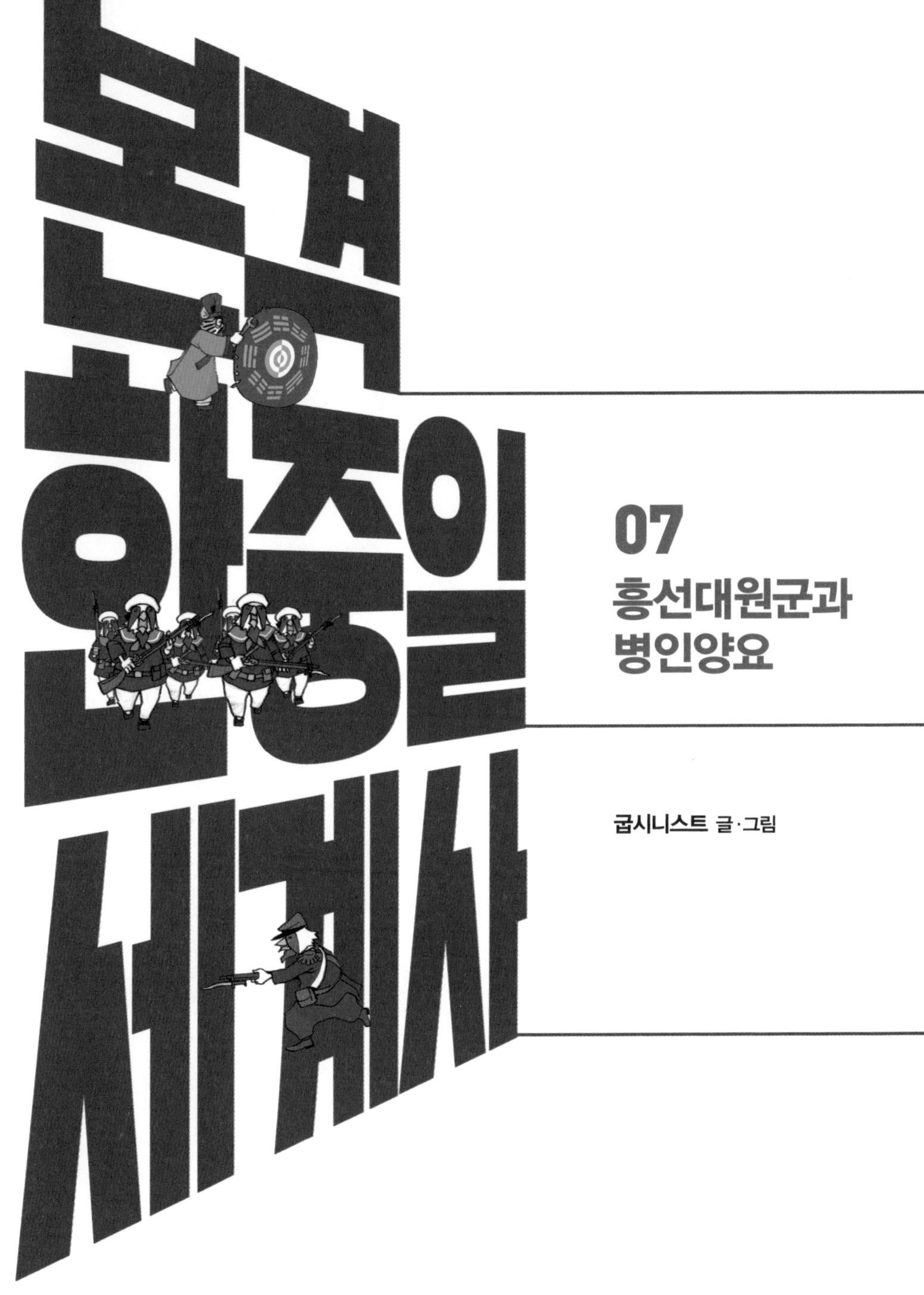
본격
한중일
세계사

07

흥선대원군과 병인양요

굽시니스트 글·그림

위즈덤하우스

머리말

6권을 낸 지 어언 반년 만에 7권으로 인사 올리게 되었습니다. 7권이 이리 늦게 나오게 된 데 대한 변명으로는 이런저런 숫자와 관련된 사정을 들 수 있겠습니다. 이런 만화책 한 권이 나오는 과정에도 사회의 여러 부분이 유기적으로 얽혀 각각의 톱니바퀴들이 모두 제대로 굴러가도록 맞아떨어져야 한다는 것이니, 이 책이 서가에 꽂히기까지 스친 수많은 손길에 다시금 감사의 인사를 올립니다.

2019년 8월에 쓴 6권 머리말을 돌이켜보면, 다음 권 머리말은 태평성대에 쓰길 바란다고 되어 있군요. 하지만 아쉽게도 7권 머리말을 쓰고 있는 2020년 3월의 세계는 온 천하에 역병이 창궐하고 경제 공황을 목전에 둔 어려운 시국입니다. 먼 훗날 독자 제위께서 2020년을 반추하며 빡센 시절이었다고 고개를 흔들 일이 있을 것이온데, 그때 그래도 《본격 한중일 세계사》 7권이 나와서 재미있게 봤다고 기억되면 좋겠습니다.

물론 재미있게만 보기에 19세기의 삶이란 매우 하드코어한 것이었고, 시대의 한계가 마음을 무겁게 만듭니다. 왕조는 500년 잠의 무게에 가위눌린 채 새 시대를 맞이합니다. 그 새 시대라는 것은 우리나라뿐 아니라 대부분의 세계에 가장 잔인한 4월과 같은 것이었겠지요. 죽은 땅에서 라일락을 키워낼 수 있을지 어떨지는 두고 봅시다.

이제 더는 다음 권 머리말의 태평성대를 기원하지 않겠습니다. 그저 다음 권이 무사히 나올 수만 있다면 그것만으로도 감사한 세상입죠. 정말 난세라면 어찌 이런 생산성 없는 만화책이 꾸준히 권수를 늘려갈 수 있겠습니까. 역병과 경제 공황에도 무너지지 않는 세상에 감사드리며, 책을 만들어주시는 그 모든 단계에 감사드리며, 뭣보다 이리 책을 손에 들어주신 독자분들께 감사드립니다. 만화책이 만들어지고 읽히는 세상을 살아갈 수 있어서 다행입니다.

2020년 3월

굽시니스트

차례

제 1 장

대원군의 개혁과 실착

1864년. 흥선대원군, 사실상의 섭정으로서 나라를 캐리해가기 시작합니다.

뭐 사실,
공식적인 지위나
법적 근거는 없지만-ㅎ

조정의 모든 라인이 운현궁으로 향해 대원군의 말씀을 청하였고,

운현궁에서 각급 기관으로
'대원위 분부' 서찰을 발송해 국정을 컨트롤한다.

운현궁이 권력의 중심을
지키고 있어요!!

자,
이제 모두가 바라는
적폐청산!
다 함께 유신!
함여유신이다!
(咸與維新)

물론
'흥선대원군의 개혁 정치'-
는 다들 국사책에서
배운 내용이겠지요?
ㅇㅇ. 대충
러프하게 넘어가도
될 거 같습니다.
국사

So- 대충 흥선대원군이 개혁하는 내용

대충 다 아는 내용이지만
다시 휘휘 훑어봅시다~

먼저 당연히
안동 김씨 정권
정리!!
이럴 줄
알았죠!
그래도 피바람 없이
정권 교체가 되는 건
다행스러운 일이지.
김좌근,
명예직으로
은퇴.
김병기,
좌천.

안동 김씨 중에서도 흥선군 라인을 탄
김병학, 김병국 형제는 권력의 중추로.

석파코인
떡상일세♬
김병학
좌의정行.
김병국
이조판서行.

당파에 대해서는 당쟁 최종 종결 후
찌그러져 있던 남인과 북인 인사들 등용.

南
北
이것이 당쟁 엔딩 이후의
훈훈한 에필로그군요.

그리고 뭣보다
전주 이씨들을 대거 등용합니다.
이 나라가 진짜 전주 이씨의 나라구만요!!
李게 나라다!
李
李
Lee
Lee
Lee
온갖 채용 특혜로 전주 이씨들을 요직 곳곳에 빽빽하게 배치. 정권의 친위 그룹화를 꾀해봅니다. ㅎ

비변사
軍
110 의정부

그리고 이제까지
군사와 행정을 모두 주무르며
세도정치의 헤드쿼터 역할을 하던
비변사를—

비변사 파워 해체!
군사와 행정은 분리해서
국왕의 직할하에 놓는다!
빡
軍
110 의정부

뭣보다
이 시대 가장
시급한 문제는
3정의 문란!

나라가
망하겠어요~!!

사실 3정의 문란을
어떻게 해결해야 할지는
이미 대충 방안들이 다 나와 있지.
실행되지 않았을 뿐.

1. 전정 개혁!

전국 토지 조사, 감사 실시로
은닉 토지 샅샅이 적발!
토지 대장 재작성!!
둔전, 궁방전 등의 국가 기관 면세지에
토지 허위 등재-투탁 행위 근절!
면세지 축소!

2. 환정 개혁! 1866년, 사창제 실시!

환곡 업무를 관 주도에서
지역 민간 주도로 전환!
강제성 없는 지역 새마을 금고化!

(이렇게 환곡 수익이 줄어든 만큼 세금을 올리긴 했지만…)

3. 군정 개혁! 1871년, 호포법 마무리!

양반 나으리들도 국방의 의무를 위해 군포를 내주시죠!
사회 지도층에게 국방의 의무라니!! 그런 나라 아니잖아요?!
소집 영장
실제 세수 효과는 미미해도 백성들 불만 잠재우는 데는 효과가 있지.

자, 이렇게 3정의 문란 퀘스트를 대충 해결했습니다!
......
전정
환정
군정
사직은 다시 단단한 반석 위에!
뭐, 이미 지방 조세 수납은 각종 조세 총액 퉁쳐서 전답 호구별로 N빵해 현금으로 매기는 도결이 대세인지라 이제 3정의 문란은 문제의 핵심이 아닌 느낌이지만…

그 외에 가장 시급히 청산해야 할 적폐 덩어리! 지방 서원!!

지방 사학재단
말살 음모 분쇄!!
뭐?! 우리가 왜
적폐여?!
儒
儒

서원이 지역 선비 사회의
중심을 지키고 있어요!!

지방 곳곳에 서원 아카데미랍시고
각종 면세 혜택하에 모여 세력화한 유생들이
지역사회를 좌지우지 주무르고,

양반 유생들의 이익 침해에는
죄다 들고일어나서 자신들이
국가 여론이라고 자부하는 꼬라지를
어찌 더 두고 보겠는가.

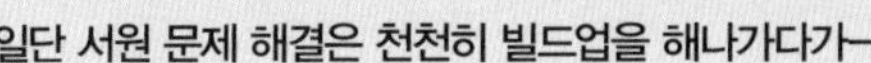
일단 서원 문제 해결은 천천히 빌드업을 해나가다가—

1864년, 서원 소유 토지, 노비
현황 조사. 규정 외 부분 혁파.
어;;
1865년, 서원 신설 금지.
만동묘 제사 폐지.
어어;;

1868년, 서원의 유생들에게도
군역 부과. 미사액 서원 정리.

1871년, **서원 훼철령!**

47개소만 남기고
전국 1000여 개 서원 철폐!
빠
쿠
콰
꾸에엑.

이렇게 흥선대원군이 1864년부터 1871년까지 대충 7년여에 걸쳐 개혁을 진행합니다!

구국의 캐리 ㅇㅈ?
ㅇ. ㅇㅈ!
아, 그리고 갓 크기랑
도포 자락 길이도 줄여라.
우리 흥!
최고다!!

국사책에서도
흥선대원군의 개혁은
비중 있게 다뤄지는 게야.
뭐 조선 기준에선
나름 괜찮은
개혁 드라이브였다곤
하지만…
그래 봤자요…

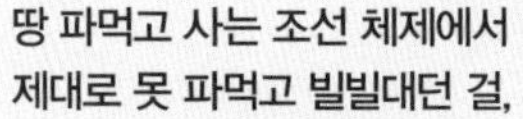

땅 파먹고 사는 조선 체제에서 제대로 못 파먹고 빌빌대던 걸,

으어~
3정의 문란~
ㅠㅠ
ㄷㄷㄷ

흥선대원군의 개혁 정치로 좀 낫게 파먹을 수 있게 되었다는 정도지요.

오오,
개혁 효과 쩐다~

바로 지금 1860년대.
중국과 일본이 교역과 관세 수입을
통해 이전과 차원이 다른
부를 일궈내고 있음을
알아야 하지 않겠습니까.

재
흙 먹어.

이 시점에서
서양이 산업화를 통해 열어제낀
광대한 자본주의 부의 바다 접속은
실로 다른 우주의 이야기.

자본주의 은하계
찌끔만 맛 봐라~!

당대 조선의
엘리트들에게 땅 파먹는 단계
너머 차원의 부는
상상할 수 없는 영역.

땅을 일궈 나오는 소산을 넘어서
달리 무슨 부가 원래 질량 이상으로
늘어날 수 있단 말인가?!
요설이다 요설~

질량 보존의
법칙에 어긋나

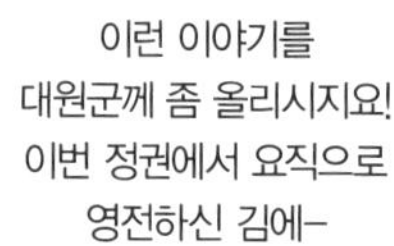

이런 이야기를 대원군께 좀 올리시지요! 이번 정권에서 요직으로 영전하신 김에–
아니, 저 이야기는 실제 자네 머릿속 생각이 아니라 이 만화 진행을 위한 해설 지문일 뿐이야.
아무튼 이번 정권에서 중용된 건 사실이지만.

우리 남편, 아들이 다 중용하려고 했던 환재 대감이니, 부디 좋은 자리에 잘 써주시죠.
원, 환재 대감이야 우리 추사 스쿨 선배님인데 당연히 좋은 자리로 모셔얍죠. ㅎㅎ

환재 박규수는 조대비의 천거로 흥선대원군 정권에서 중용.

도승지, 홍문관제학을 거쳐 이조참판으로.

경복궁 중건을 위한 영건도감 제조의 일원으로도 위촉되지요.
잠깐, 뭘 중건한다고요?!?

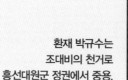

그렇다! 이어질 내용은 경복궁 중건 등 흥선대원군의 삽질에 관한 내용!

역시 국사 시간에 다 배운 내용이다!

So- 대충 흥선대원군이 삽질하는 내용

꾸에엑.

조선 개국의
에너지를 다시 한번
뿜뿌업 하겠시다!!
아, 삼청동
땅 사놓을 걸…

1865년,
경복궁 중건 계획 시작!

7400칸짜리 궁궐의 대공사가 진행되면서
경비와 인력 수요 폭증.

백성이 불태운 궁궐을
백성이 다시 짓는다네~
애초에 태우지
말 걸 그랬어…

백성들의 노역 동원은 '자원 봉사'라 포장되고

경복궁 중건의 역사적 대업을 위한
자발적 성금의 줄이 오늘도 길게
이어지고 있습니다~!
....
자발적 건축 헌금!
도네! 원납전!
화정 주민 일동 천 냥!
감사 감사 감사하살법~
경복궁 기념 마그넷
받아 가세요~
WSD
도네

건축 헌금 원납전이 강제로 걷히고,

경비 충당을 위해 도성 4대문 통행세까지 신설.

원납전 고액 기부자에게는
하이패스 적용시켜드립니다.

그 와중에 1866년,
화재로 경복궁 공사 현장과 야적 목재 전소.

으어어어어;;
이제는 진짜
돈이 없어;;

돈이 없으면
찍어내면 되지!!

더 고액권으로!!!

So, 1866년 11월,
당백전 발행 시작!

1개당 상평통보
100문이다!

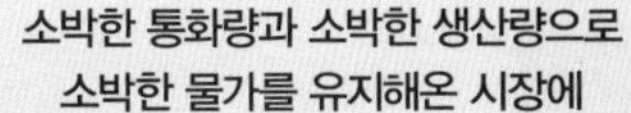

소박한 통화량과 소박한 생산량으로
소박한 물가를 유지해온 시장에

갑작스러운 고액면가
명목화폐의 대량 유입은
물가 폭발을 불러오고

출렁

하이퍼인플레이션이 서민 경제를 아작낸다.

우와아아아악??!!?!

실제 거래에서
당백전은 개당 100문은커녕
5~6문으로 가격 형성.

100문
바꿔주세요~
당백코인 그 시세는
한강 바닥에서
찾으셔야죠~

지방 수령들이 현지 세금은
현물로 받고, 중앙에 상납하는
금액은 당백전으로 맞춰 보내는
꼼수를 부리기도.

으허허헣 당테크 쩔어요~!
실제 금액 5%만 송금하고
95%는 꿀꺼덕!
물론, 조정도 바보는
아니라서 곧 당백전
수납 거부 조치를 취한다.

…그리고 이로 인해 당백전은 조정도
거르는 쓰레기 돈이라는 인식 공고화

이 미친
통화 정책에 대해
1868년, 최익현이
상소를 올려 성토.

상평통보 통화량 1000만 냥인 나라에
당백전 1600만 냥을 풀다니,
이 무슨 짐바브웨!
당장 저 사기 코인을 다 회수해 녹이시고
그리 무리해 벌이는 경복궁 공사를
중단하시옵소서!!
끄응;;

이에 결국 1868년,
당백전 유통 금지 조치가 내려지고
시중의 당백전들은 시세대로 회수되어 녹여진다.

돈의 멸칭인 '땡전'이
이때 당백전에서
유래한 것이죠.

당백전 → 당전 → 땅전 → 땡전

툇!

그런 난리를 겪으며 결국
1872년, 경복궁 완공.

축 완공
이리 빡세게 지은 궁궐,
좋은 일만 있기를…

이렇게 흥선대원군이
1865년부터 1872년까지
대충 7년여에 걸쳐 삽질을 함.

어; 어;
따뜻한 나라를
만들려고 했는데;;
끄아아윾ㄲ!
느그 흥이
나라 잡는다!!

사실, 1860년대 중반에서 1870년대 초반까지의
흥선대원군 집권기는 저 개혁과 삽질뿐만 아니라,
더 충격적인 대외 어젠다들이 터져나온 시기지요.

일단 두만강 건너를
볼작시면…

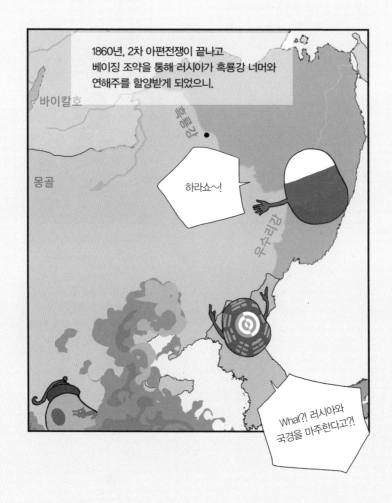

1860년, 2차 아편전쟁이 끝나고
베이징 조약을 통해 러시아가 흑룡강 너머와
연해주를 할양받게 되었으니.

바이칼호
흑룡강
몽골
우수리강

하라쇼~!

What?! 러시아와
국경을 마주한다고?!

1860년, 셰프너 중령이 이끄는 선발대가 새 영토의 끝자락 해삼위에 진입. 항구 건설을 시작한다.

하바롭스크
동양인들은 해삼을…
먹·는·다·고?!
선양
블라디보스토크

해삼위는
'동방의 지배자'라는 의미인
블라디보스토크로 개명.
Владивосток

러시아 정부는
개발 이주를 촉진하기 위해
블라디보스토크를
면세 자유항으로 지정.
모피 상인들과
모험가들이 모여든다.

1860년대까지는 그냥
목조 가건물 수십 채뿐인
황량한 기지였지요.

1863년, 블라디보스토크, 전신망으로
모스크바와 연결.

도브리 젠~!
점심은
해삼 수프 드셨나?
모스크바
예카테린부르크
하바롭스토크
이르쿠츠크
블라디보스톡
타슈켄트
우루무치
여긴 지금
밤 12시거든요?!

1864년에는 미국 기술자들이 건너와 아메리카와
유라시아를 잇는 베링해협 횡단 전신망 가설 공사 시작.

혹시 알래스카 땅
관심 있으시우?
줘도
안 가짐.

7년 후, 1871년에는
해저 케이블을 통해
나가사키, 상하이와도 연결된다.

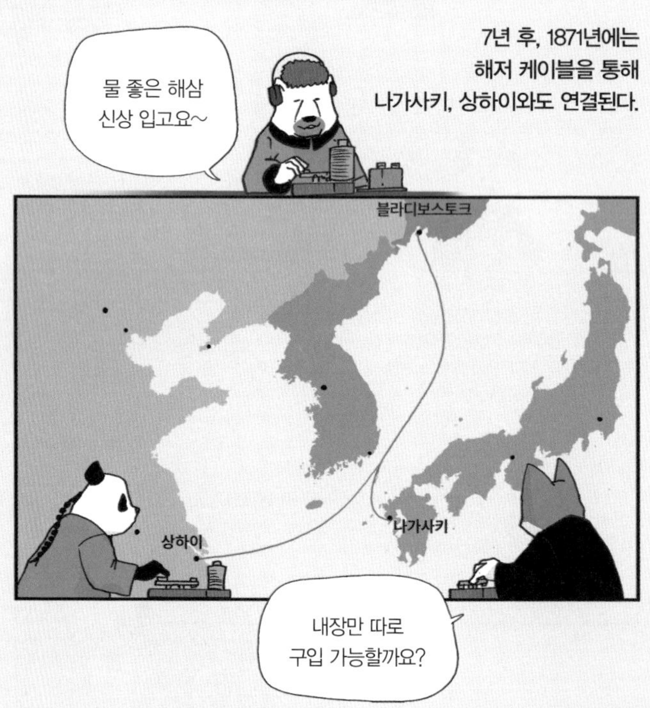
물 좋은 해삼
신상 입고요~
블라디보스토크
상하이
나가사키
내장만 따로
구입 가능할까요?

MEANWHILE 1864년,

함경도민 60여 명이
두만강을 건너가
지신허 마을 건설.

고려인 BEGINS!
저쪽 땅은 이제 러시아 땅이라 청나라 봉금제 적용 안 된대.
가서 우리가 원주민인 척하자.
발해 후손이라고 우기면 됨.

러시아인들도
먹고 살거리
조달을 위해
새 이웃에
관심을 가지고–

1864년~1865년에 걸쳐
러시아인들이 두만강을 건너와
교역을 요구하기 시작한다.
블라디보스토크
경흥군
즈드라스트부이쩨!
TV
동물공장!
으잉?

좋은 거래 껀수가 있어서 찾아뵙게 되었는데요, 혹시 모피 같은 거 취급하시나요?

…무섭고 부담된다…;;
모피의
잔인한 진실!

곱씨의 오만잡상

대원군은 정보와 공작을 중시하던 사람이었습니다.
천하장안(천희연, 하정일, 장순규, 안필주)으로 알려진 심복들의 누이들이
궐내에 상궁으로 들어가 있었다고 합니다.
그렇게 궐내 상궁들과 천하장안을 통해 궐내 정보와 여론이 언제나 대원군의 코끝에 걸려 있었지요.
이 천하장안발 정보 검증 및 감찰을 도편수 이승업과 집사 유재소가 맡아,
천하장안과는 별개의 라인으로 대원군에게 보고하고 있었습니다.
또한 보부상 조직을 통해 전국 여론 수집 및 여론 공작을 통해 민의를 뜻대로 조작하기도 했다고 합니다.
전국 각지의 주요 관청에 빨대가 하나씩 다 꽂혀 있던 건 물론이고요.
개국론자인 박규수와 오경석도 정치적으로는 대원군 라인이었던지라,
해외 정보도 제대로 된 내용으로 보고받았음을 짐작할 수 있습니다.

이런 풍부한 정보 수집력을 가졌지만 사실 거시적으로 볼 때
대원군의 국정 운영이 딱히 좋은 쪽으로만 전개되지는 않았지 말입니다.
정보와 공작을 단지 미시정치의 재료로만 이용했을 뿐,
국가 대계에 있어서는 유익하게 활용하지 못했던 것 같습니다.

NATIONAL

제 2 장

병인박해

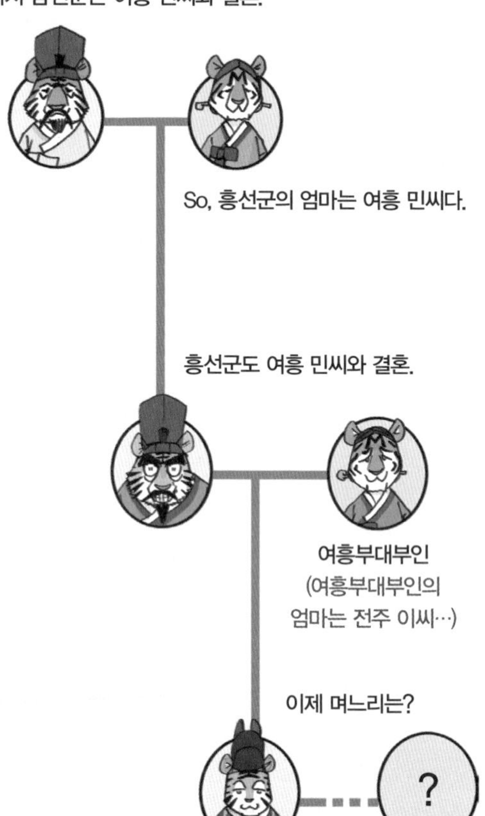
흥선군의 아버지 남연군은 여흥 민씨와 결혼.
So, 흥선군의 엄마는 여흥 민씨다.
흥선군도 여흥 민씨와 결혼.
여흥부대부인
(여흥부대부인의
엄마는 전주 이씨…)
이제 며느리는?
?

음…
거, 이렇게 패턴화된 김에
며느리도 우리 여흥 민씨
가문에서 들이시죠?
뭔가 3민주의
같기도 하고.

안김, 풍조 쪽에
차기 왕비 떡밥을
뿌려두긴 했는데…
Queen은
우리 꺼다!!
애초에 우리랑
듀오 맺고 만든
정권이여!
JO

나라 바로 세우기에
어찌 세도가를 다시
끌어들이겠는가!
여흥 민씨로
ㄱㄱ!
으잉?
M
金
JO

대원군 집권 1년차.

1865년 말,
대원군 내외는
민치록의 딸 민자영을
면접 심사하고
왕비로 내정한다.

촌수로 따지면
저랑 12촌 동렬이죠.
아버지, 형제
다 없다는 조건에
높은 점수 드림.

대원군의 고문 관상 점쟁이 박유붕이 반대했지만.

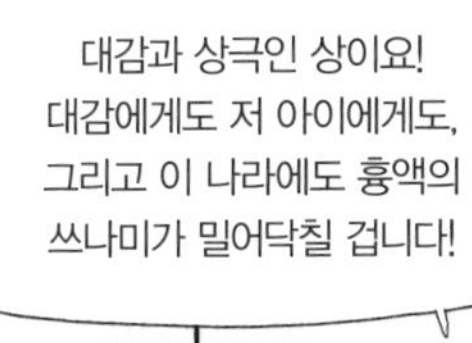
대감과 상극인 상이요!
대감에게도 저 아이에게도,
그리고 이 나라에도 흉액의
쓰나미가 밀어닥칠 겁니다!

이놈의 점쟁이들은
대체 어느 명문가 뒷돈을
받고 시부렁대는지
알 수가 없다니까 ㅉㅉ

이미 왕비가 내정된 상태에서 이후의
간택 절차는 요식 행위일 뿐이고.

민씨를 왕비로 푸쉬한 여흥부대부인의
위상이 세간에 널리 회자된다.

대원군께서
부인 말을 영의정 말보다
중히 여긴다지.
거, 참 옳게 된
집안이로세.

일각에서는 이를
기회로 삼고자 하는
움직임도 있었으니.

할렐루야!
성모의 보살피심
이로세!

조선 카타콤

여흥부대부인께서는
우리 천주교인들과
여러 친분이 있는 분이시고,
대원위 대감도
북학파와 친분이 깊어
천주교에 적의가 없는 분이시오!

전직 관리 남종삼

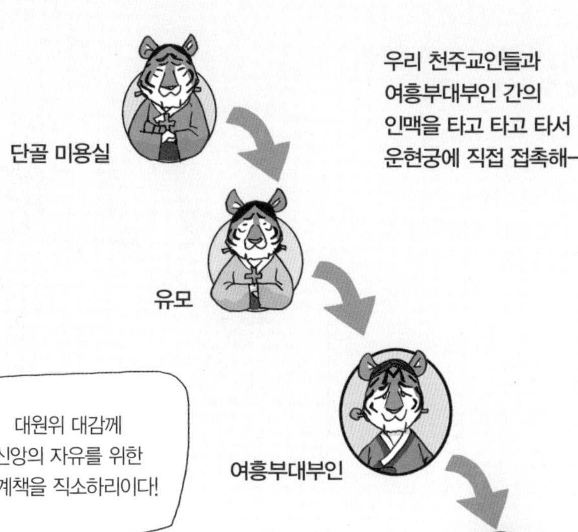
우리 천주교인들과
여흥부대부인 간의
인맥을 타고 타고 타서
운현궁에 직접 접촉해-
단골 미용실
유모
대원위 대감께
신앙의 자유를 위한
大계책을 직소하리이다!
여흥부대부인

아니, 저 그런 건
지방에 가 계신 주교님이
돌아오신 다음에 의논해보고;;
아니, 러시아인들이 북쪽 국경에
출몰하는 정황을 이용하려면
지금 빨리 움직여야 해요.

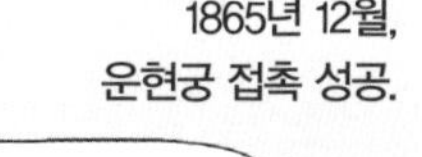
1865년 12월,
운현궁 접촉 성공.

합하, 요즘 북쪽의
러시아인들 때문에
걱정 많으시죠?
아니, 뭐 딱히 크게
걱정은 안 하는데…

중국이 러시아를 막아주리라곤
기대할 수 없는 이 시대!

조선이 강대국 프랑스와
친한 척을 하면
러시아도 조선을
그리 쉽게 보진 못할 것입니다.

라팔도 사세요!
흠트레스팅~

어디, 그래, 프랑스 본국과 선이 닿는다는 너네 프랑스 신부들 함 데려와 봐라. 천하지세의 얘기나 좀 들어보자.

옙! 조금만 기다려주십쇼!
어; 이 양반들이 왜 이리 전화를 안 받지;;
통화권 이탈인가.

시골에 내려가 있던 프랑스 신부들과는
한 달이 지나서야 연락이 닿았다고 한다.

아이고! 주교님!! 왜 이리 연락을 안 받으셨습니까요!?

프랑스 정부와의
접촉 중재라는 계책을
진행 중이었는데;

그건
에반데…
에바야.
에바다.
TUNA

베르뇌 주교

제국주의 시대에
상부상조하고 삽시다~

F

우리 파리 외방~~커뮤~~ 전교회는
국가와 일절 엮이지 않는 걸
모토로 삼은 선교회란 말일세.

국가로부터의
그 어떤 지원도
거부합니다.

그런데 어찌 우리가 정부와의
접촉을 중재할 수 있겠나.
우린 나랏일에는 엮이지
않을 것이야.

아니, 신부님들은
원하든 원치 않든
존재 자체가 언제든
제국주의 국가의
구실이 될 수 있습죠;;

국제 정세를 놓고 봐도, 우리 황제가
외교 개판 쳐놔서 극동에서까지
러시아와 기싸움 할 여력 없을 걸.

아니, 이 천주쟁이 신부들은
왜 한 달 넘게 안 나타나는겨?
1866년 1월
....
金
Jo

왕비 통수 건으로
대원군에게 삐진 세도가들과
서원 규제에 삐진 유림이
냄새를 맡고
강경 발언을 쏟아낸다.

.....
거, 요즘 천주쟁이들이
운현궁 드나든다는
소문이 돌던데 말이죠!!
金
Jo
중국에서는 뜻있는 지사들이
서양 앞잡이 천주쟁이들
처단해 칭송받는다던데 말이죠!

조대비까지 나서서
천주교를 까기 시작하니,

나라의 근간을 흔드는
혹세무민 천주쟁이들을
어찌 냅두겠소이까.
....
단순한 종교인이 아니라
서양 앞잡이,
예비 역도들입니다!

정치적 수세에 처할 것 같은
기분이 들 때는
더 쎄게 리액션을
때려줘야 하는 법.

천주쟁이들과의 전쟁을 선포한다!!
이 흥선군은 지난 정권처럼 물렁하게 그냥 넘어가지 않겠소이다!!
金
Jo

대원군 집권 2년차.
1866년 2월, 천주교 박멸령 발령.

어쩐지 이렇게 될 거 같더라;;
한동안 분위기 좀 풀리나 싶더니만;;

전국 각지에서 천주교인들이
속속 체포되고,

천주교 문제에 대한
최종 해결책을
실행하도록!
옙! 합하!
이러지
마시지 ㅠㅠ

포도대장 이경하(전주 이씨 친위대장)

베르뇌 주교를 비롯한
프랑스 신부 9명도 체포.
아오; 결국 이렇게
돼버렸잖습니까;;
어차피
성사 가능성 없는
야사였으니
괜한 IF 망상으로
미련 갖지 말게나.
이 프랑스 신부 9명
모두 처형行.
순교 ㄱㅅ.
이 칼, 나중에
성유물 지정
가능할까요?

전국 각지에서
천주교도에 대한
처형이 이어지고,

성유물 되기 전에
칼이 닳아
없어지겠네;

이 병인박해는 대원군 실각 때까지 계속(1866~1873) 진행되어
최종적으로 **8천 명**이 처형당하게 된다.

이 절두산도 언젠가는
순례 관광 코스가 되겠지.
당시 조선 내 천주교도의
약 절반이 학살당한 것.
단두대
DIY

처형 인원이 너무 많아서 참수형뿐 아니라 생매장,
수장 등등의 대량 처형 방식이 동원되었다고 합니다.

지속 가능한 처형에의 고민···

다행히 아이들은 처형 대상에서 제외되어서
박해 이후 다수의 고아가 발생.

자, 이제 허황된 미신은
씻어버리고 성현의 도리를
마음에 심도록 하거라.

병인박해는 외국에도 알려져
강한 인상을 남겼고.

와다다다다다다!!!
으따;
깡다구 보소;
…우리도 능히
저렇게!

당사국인
당대 프랑스는
물론이고,

서양에서는
20세기까지도
흥선대원군을
가톨릭 학살자로
기억하게 된다.

아니, 근데 선교사들은
왜 맨날 여행 제한 구역에
꾸역꾸역 들어가는 거야?
아, 그 흥?!

그 피바람 속에서도
대원군 집권 2년차—
1866년 3월,
고종의 국혼이 치러진다.

마음 같아서는 왕비도
전주 이씨로 하고 싶었지만
동성동본 결혼법 개정은
140년 후 얘기라서…

고종(15세) 명성황후 민씨(16세)

이번에 지방관 순환 근무
쿨이 차서 평안도 관찰사로
나가게 되었습니다.
…국혼의 경사,
경하드리옵니다.
박규수(59세)

아아, 세도가, 유림 놈들이
국혼을 앞두고 천주교 문제를
물고 늘어지는 바람에
좀 재수가 없긴 했지만서두–
그 천주교 문제
말입니다만–

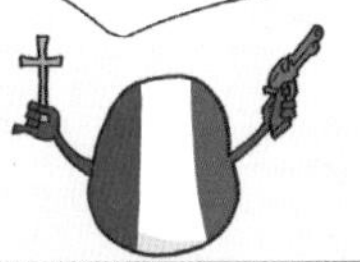
신앙의 수호자!
교회의 장녀 프랑스 제국!
가톨릭 박해하는
이교도는 까부순다!!

프랑스 놈들이
이번 사태를
그냥 조용히
넘어갈 리가
없잖습니까?

큼, 뭐 좀
앙앙 거리긴 하겠지.
하지만 말이외다–

**양놈들은 실제로
큰 이익이
걸려 있을 때에나
진심으로
움직이는 법이지요.**

혀어어어업상~!!!
F

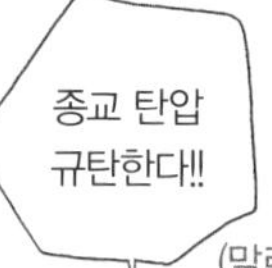

종교 탄압
규탄한다!!
(말로만)

딱히 뜯을 거 없는 촌구석에서는
선교사가 몇이 죽어나가건
진심 모드로 움직일 리가 있나.

혹시 양놈들이 진짜로 쳐들어온다면, 뭣보다 국론 통합! 백성들의 사상적 무장이 중요할 것이니!

대감도 평안도 가서 천주쟁이들 빡세게 뿌리뽑도록 하시오!

쿵

"유교의 도리는 서양의 허황된 종교보다 우월한 것. 자연스레 백성뿐 아니라 서양인들까지도 유교의 가르침으로 감화시킬 수 있을 터."

(실제로 한 말)

So,
박규수의 평안도
관찰사 재임 기간,
평안도에서는
천주교 박해를
행하지 않았다고 한다.

어찌 무지를 칼로 다스릴 일이겠는가.
다 도리로서 깨우칠 수 있다.
평양 190km
Pyongyang
7
그저 무탈하게 대동강에서
띵가띵가 뱃놀이나 하다
오면 좋겠네.

Meanwhile 1866년 7월 6일

텐진
평양
서울
옌타이
칭다오

산둥반도 옌타이 즈푸항

으얽퀅크앍퀅
허걱허거덩케르크!!
신부님,
오흐부아요~

펠릭스 클레르 리델 신부

박해를 피해 조선에서 탈출한
리델 신부는 옌타이에서 곧바로
텐진의 프랑스 함대 출장소로 직행.

으어; 조선에 남은
2명의 신부님들을
구해야 해;;

(대충 조선에서 가톨릭 학살 일어나고
프랑스 신부들 9명 처형당했다는 내용)
아직 프랑스 선교사 2명이
살아 있으니 가서 구해야 합니다!
몽듀!!
대리공사
앙리 드 벨로네
동양 함대 사령관
피에르 귀스타브 로즈

크악!!
조선 놈들이 중국의 지원을
기대치 않고서야 어찌 저런
폭거를 행하겠는가!!
베이징을 조져야 돼!!
아, 저 일단
동양 함대 주력이
베트남 작전 때문에
베트남에 가 있는지라,
걔네 돌아오면 작전에
나서겠소이다.

흐유;; 조선에 있는
신부님 두 분은 어떻게
잘 도망가셨으려나;

살아남은 신부 2명 중–

페롱 권 스타니슬라스 신부는
상주로 위장하고 도주.

칼레 강 알퐁스 신부는
엽전 꾸러미가 터지는 바람에
엽전 550개를 뿌리며 도주.

포졸들이 엽전을 줍느라
신부를 놓쳤다고 한다.

이후 둘 다 중국으로 무사 탈출.

이것이 주님의
은총인가!!

아, 리델 신부님,
고생 많으셨다지요.
오, 토머스
목사님.

로버트 저메인 토머스
회중교회 목사(26세)

어떻게 프랑스 함대에
꼽사리 껴서라도 조선에
가고 싶었는데 말이죠.
프랑스 함대의 조선行은
베트남에 간 함선들 귀환
이후에나 가능하답디다.

해서, 좀 미심쩍긴 하지만
마침 조선에 가려는 미국 배가 있다기에
그쪽에 합류해보려고 말이죠.
흠?

셰흐만
(Sherman)
장군?
아, 신부님이
조선에 계시는 동안
미국에서 내전이 있었고,
그 내전에서 악명을 떨친
장군이랍니다.
GEN. SHERMAN

제 3 장

대동강은 불타고 있는가

의주
평양
다롄
1866년 6월, 미국 상선
서프라이즈 호가
평안도 신원포에 표착한다.
개성
엔타이
강화도
서프라이즈~!

조선에서 천주교 신부랑
신도들 다 죽였다던데;;
ㅎㄷㄷ
우린 천주교인
아니에요;;
이성과 헌법을
섬기는 미국인이죠;
워워~
해치지
않아요~!

평안도는
'유원지의' 방침에 따라
서프라이즈 호에
식량과 물을 공급하고
선박 수리 후 떠나보낸다.

어; 음식값
안 받으시나요?
음식값을 받으면
'거래'가 되어버려서
조정의 교역 금지 방침에
어긋나거든요.
LOTTE

유원지의(柔遠之義): 멀리서 온 손님 잘 대접해 보내기

하지만 2개월 후 같은 평안도로 향한 다른 미국 선박은
전혀 다른 운명을 맞게 되었으니…

가자!
조선으로!!

셔먼 장군 호?

제너럴셔먼 호가
고압적인 태도로 무리한
요구를 들이밀다가 결국 폭주로 치달은
이유에 대해서는 제너럴셔먼 호 측의
기록이 남아 있지 않아 어디까지나
추론에 기댈 뿐입니다.

길잡이 중국 배 선장 오원태

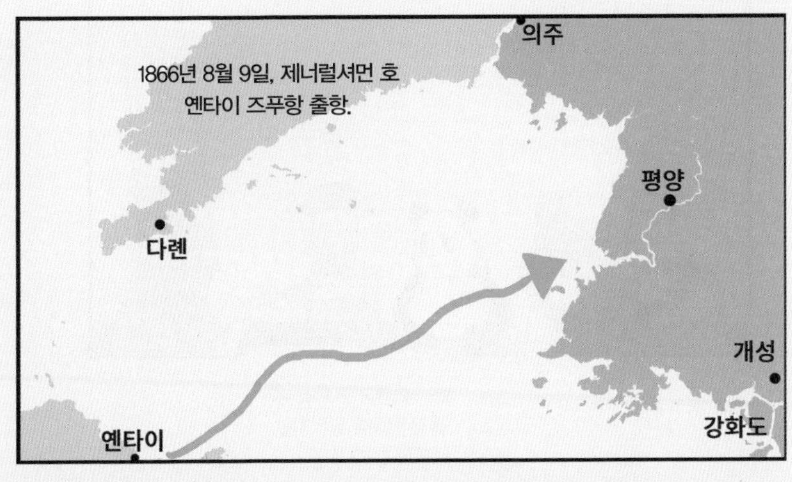
의주
1866년 8월 9일, 제너럴셔먼 호
옌타이 즈푸항 출항.
평양
다롄
개성
강화도
옌타이

…이 기회를 잘 이용하면 대박 로또를 터뜨릴 수 있겠어.
페이지 선장
선주 W.B. 프레스턴

조선에 두 달간 계셨던 토머스 목사님이 통역임. 근데 두 달 가지고 조선말 칭챙총챙 잘 되나요?
가톨릭 네트워크의 도움으로 상하이에서도 계속 조선말을 공부했거든요. 애초에 조선 들어갔던 것도 가톨릭 쪽 도움 덕분이죠.
가톨릭이 개신교 목사를 도와주다니 별일이군요.

서먼 호의 인원은–
서양인 5명에–
(미국인 3명, 영국인 1명, 덴마크인 1명)
중국인 15명,
말레이인 3명.
슬라맛빠기~! 난 말레이맥이야!
표면상, 영국 메도스사의 물품 판매를 맡았지만, 중요한 건 그게 아니지.

몇 달 전, 조선에서 있었던
프랑스 신부 처형 사건을
이용해 크게 한몫 잡는 것이
이 항해의 목적이다!!
예에에???

프랑스 신부들 처형 껀으로 내심 걱정하고 있을 조선인들에게 수작을 좀 걸어보자는 게지.

이제 프랑스 대함대가
쳐들어올 건데
어쩌실라우?!
베이징도 턴 놈들인데!
히익;;

저한테 금품 같은 걸로 성의를
보이시면 제가 프랑스 측에
잘 얘기해서 어떻게
무마해드릴 수도~?
어휴, 그렇다면
잘 부탁드립니다 ;;
₩

그리고 왜 하필
평양으로 가려는고 하니–
평양에는 홍삼 팔아 챙긴
금과 은이 가득하고,
옛 고려 왕릉에 온갖
진기한 보물들이 묻혀 있다죠.
(상하이에 돌던 헛소문)

그리고 아무래도
서울은 방비가 빡셀 거고
그리 쉽게 속지도 않겠지만,
평양은 지방이니 방비도
널널하고 속이기도 쉽겠죠.

짜이찌엔~
대박나세요~

의주
평양
다롄
8월 16일, 셔먼 호
대동강 하구 도착
개성
강화도
옌타이
여름 폭우로 대동강 물이
불어난 덕분에 저런 큰 배도
쉽게 들어올 수 있었지요.

8월 16일, 황주 목사 정대식과 역관 이용숙이 셔먼 호와 접촉을 시도.

평양

남포

황주

귀 선박은 진입 금지 수역에 들어왔습니다. 즉시 퇴거해주시기요.

우리 목적지는 평양입니다! 평양에서 만납시다!~♬
헉;;
평양 감영에 빨리 연락을;;

평양 부임 석 달 만에
이양선 난입, 실화인가;;

평안도 관찰사 박규수

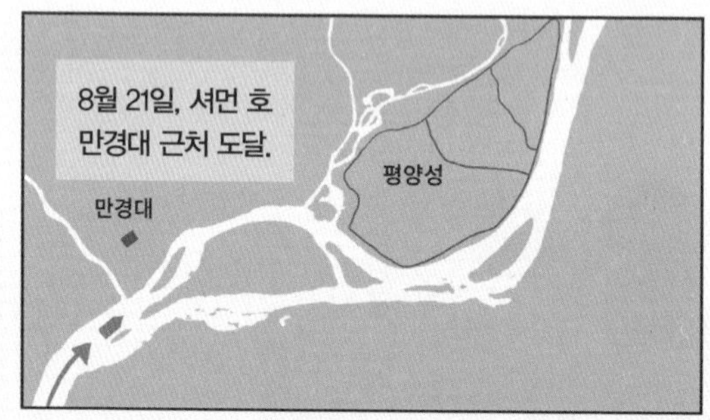
8월 21일, 셔먼 호
만경대 근처 도달.
평양성
만경대

가서 저놈들이랑
얘기 좀 해봐라.
옙!

중군(육군 소장 급)
이현익과 신태정,
김영수 등이
협상 대표로
셔먼 호에 오른다.

댁들은 어디 사람들이길래
이리 남의 땅 한복판에
난입해 들어오신 게요?
아, 우리는 그냥
서양 여기저기
여러 나라 사람들입니다.
국제 NGO 같은 거죠.
그리고 개신교는
천주교에 비해
아주 유익한 종교입니다.

이번에
프랑스 신부들 처형 껀으로 쳐들어올
프랑스군의 침공이 걱정되시죠?
우리가 잘 중재해드릴 수 있는데~
이를 위해 금, 은 같은 걸로
거래를 좀 터보시죠?
거, 남의 나라 문제에 신경 끄시고.
쌀 1석, 소고기 50근, 닭 25마리
챙겨 드릴 테니 드시고
빨리 나가주시죠.
주는 거야
거절 않죠. ㅎ

아, 그리고 평양 왕릉들에 보물이 많다던데 진짜임? 서울에는 보물 탑이 100개 있다던데.
"평양에 보물은 없지만 높고 두꺼운 성벽은 확실히 있소이다."
1차 협상 결렬.

-라고 하는데요.

저 양놈들, 국적도 안 밝히고, 깃발도 안 달고…

그런 걸 서양에서는 해적이라고 한다던데. 필경 이번 천주교 사태를 이용해 먹으려는 사기꾼들이렷다.

8월 24일, 만경대에 상륙하려는 셔먼 호 인원을 이현익이 쫓아낸다.

거, 인민의 놀이공원에 우리도 좀 들어가보고 싶습니다만.
양키들은 안 받습네다.

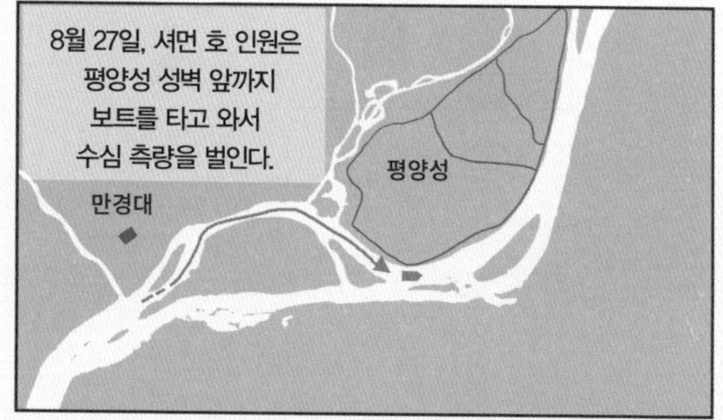
8월 27일, 셔먼 호 인원은 평양성 성벽 앞까지 보트를 타고 와서 수심 측량을 벌인다.
평양성
만경대

이현익이
항의하기 위해
나서자—

아니, 거 보자보자 하니까 물길 정탐까지 하는 게요?! 대놓고 적대행위잖아!!
셔먼 호 측은 이현익과 그 부하 2명을 억류.
자, 일단 배에서 천천히 얘기해봅시다.
크악! 내가 평양 시민인데 납치 따위 두려워할 것 같으냐?!

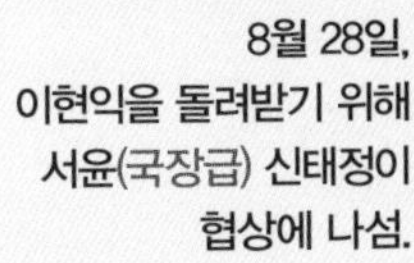
8월 28일,
이현익을 돌려받기 위해
서윤(국장급) 신태정이
협상에 나섬.

"조선도 이제 서양과 교역 시작하라는 베이징 조정의 지령을, 나님이 황제를 대신해 전해드립니다~!"
씨도 안 먹힐 사기꾼 헛소리 그만 지껄이고 우리 사람들 빨리 풀어주쇼!

저것들이 우리 관헌 납치했다던데.
양놈들이 사람 생간 빼먹으려고 납치한 겁니다.

Meanwhile
대동강 강변에는
이양선 구경 나온
평양 시민들이
수두룩빽빽하게
들어찼고.

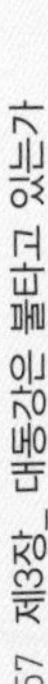

그 와중에 퇴역 군관
박춘권이 조각배를 몰고
셔먼 호에 접근.
셔먼 호에서 뛰어내린
이현익 구출에 성공한다.

으어, 내 관인
물에 빠뜨렸다;;
일단 목숨부터
구하시라요;
수영 좀
배워둘 걸;

하지만 같이 뛰어내린 부하 2명은
헤엄쳐 나오지 못하고 익사.

인명 피해에 분노한 평양의 석전꾼들은
셔먼 호를 향해 돌을 던져댔고.

투수전 붙어보자우!
MLB 종간나들!!
휙

원시인처럼
돌멩이나 던져대는
미개한 똥양인들…
휘익
저 거리에서
던지는 돌이
여기까지 닿을 리가…

팍

크윽!!! 작업 실패해서 돌아가더라도,
저 미개인들에게 문명의 뜨겁고 우월한 맛을
뼈저리게 느끼게 해주고 가야 속이 풀리겠다!!!
대포 발사!!
에엑??!

8월 29일, 셔먼 호에 탑재된 4문의 대포가 불을 뿜고.
이에 강변의 민간인 7명이 사망하고 5명이 다친다.

쿠궁콰광
미친 양키 호전광이
본색을 드러냈어야!

저 미친 놈들!!
이런 짓거리 벌여놓고
도망가게 둘 것 같으냐?!
당장 격멸하도록 한다!!

어, 그런데, 우리 대포는
사정거리가 짧아서
사정거리 닿는 데까지 끌고가서 방열하는
사이에 얻어 터져나가겠습니다만;;
역시 양놈들,
포가 길구나!;
음; 그렇다면 …

화공이다!
마침 이제 썰물 때라
대동강 물이 줄어
이양선이 잠시 여울에 얹혔으니
화공선들을 띄워 내려보내라!
으어억?!!

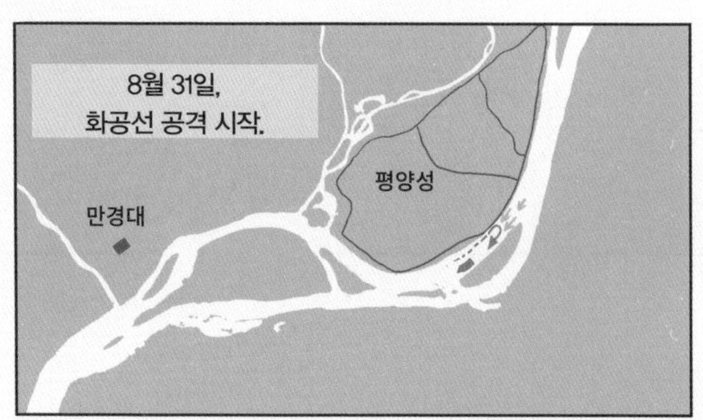
8월 31일,
화공선 공격 시작.
평양성
만경대

BUT

현명하게도 상류 쪽으로
그물을 설치해 화공선의 접근을
차단할 수 있었지요.ㅎ

9월 2일, 셔먼 호는
여울을 탈출.
크하하핫!
Bye Bye~!
똥양 미개인들아!!

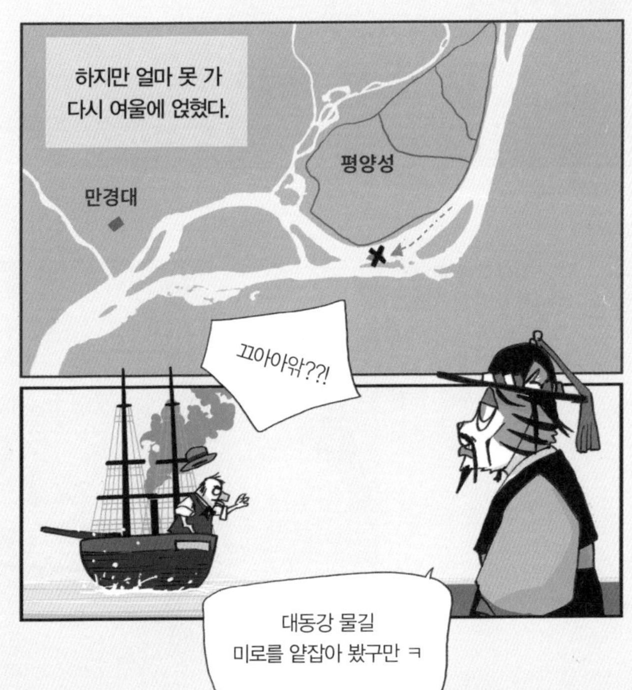
하지만 얼마 못 가
다시 여울에 얹혔다.
평양성
만경대
끄아아악??!
대동강 물길
미로를 얕잡아 봤구만 ㅋ

총공격 개시!!!
평양 시내 뜰 수 있는 건
변소 문짝까지
모조리 다 띄워라!!

9월 2일 오후, 수십 척의
화공선들이 몰려 내려오고.

급히 도망치느라
그저께 썼던
그물 다 버리고 와서 이젠
꼼짝없이 바비큐行이구만;;
자업자득이란 말
아시는지요;;

화공선의 불길이
셔먼 호에 옮겨붙고
평양 군민이
모조리 다 몰려나온
총공격에 셔먼 호는
무너져내린다.

애틀랜타의
복수다!!

프레스턴은 불길 속에서 삶을 마감하고.

언젠가 미국이 평양에 불의 복수를 펼쳐줄 것이다!!
쿠와아

대부분의 선원들이 타 죽고 빠져 죽고 맞아 죽는다.

제너럴셔먼 호 사건에서 가장 많이 죽은 건 중국인이라는 사실을 기억하라 해!!

토머스 목사와 중국인 조능봉은 어찌어찌 뭍까지 끌려나오고.

으어;; 주여;;;

저기, 중국과 조선은 우방국 아닌가요?! 아, 혹시 타이완 넘버원?

이런 참사 속에서도 이 성경을 조선 분께 전해드릴 수 있으니 감사한 일입니다.

부디 두고두고 읽어 생명의 말씀을 찾으시기를.

토머스 목사와 조능봉은 성난 군중에게 맞아 죽는다.
BIBLE
한글 버전은
아직 안 나왔나;;

… 한낱 무장 상선 한 척 잡는 데도
한 개 성이 전력을 기울여야 하는구나…
해적선이죠.
해적선.

…엔진이라도
건져내 볼까.
침수 엔진
중고 판매는
불법입니다만.
저 엔진과 대포들을
서울로 보내 높으신 분들이
좀 보시도록 해야겠다.

제 4 장

사이공의 눈물

18세기, 대월은 허수아비 레 황실 아래 찐씨의 북부 정권과
응우옌씨의 남부 정권으로 갈라져 200여 년간
투닥거리고 있었습니다.

북쪽의 찐씨 정권
황제는 우리가 모시고 있다!
광저우
하노이
라오스
후에
그게 바로 조조 짓거리다!
캄보디아
사이공

남쪽의 광남 응우옌씨 정권

그러다가 남쪽에서 서산(떠이선) 응우옌씨가 이끄는
농민 혁명– 떠이선당의 난 발발.

남북 분단
귀족 놀음,
더는 못 참겠다!!
헐ㅋㅋ?
왕족 한 명이 간신히 살아서
태국으로 도망가죠;

1777년, 광남 응우옌씨 정권 멸망. 일족 몰살.

하노이

후에

사이공

남쪽을 제압한 떠이선당은
북쪽으로 쳐들어가
1787년, 찐씨 정권까지 멸망시키고.

뭐가 '헐ㅋㅋ'여?!
다음은
네 차렌데!

허거덩?!

도와줘요!
중국맨!!

새해 복 저승에서
많이 처먹어라!

꾸엑;

1788년,
베트남 사태에 개입하러 온
청나라의 20만(뻥) 대군까지
구정 공세로 박살낸다.

그 후 황제에 등극한 응우옌반후에는
오늘날까지 민족의 영웅으로 떠받들어진다.
하노이
후에
성공한 농민 혁명!
남북 통일!! 외세 타파!!
이 정도면 천명 인정?!
형제 간 권력
다툼을 벌이게
되긴 하지만;;

하지만 응우옌반후에는 1792년, 39세로 요절.

옳거니!
때가 왔구나!
주님의 힘으로
나라를
되찾으시지요!
어, 눈에 보이는
힘이면 좋겠는데요;
교회의 맏딸– 프랑스가
바로 눈에 보이는
주님의 힘이지요.

광남 응우옌씨 정권을 재건하기 위해
태국에 빌붙어 남쪽에서 공격을 계속하던
망명 왕자 응우옌푹아인에게 기회가 온다.

1787년, 베엔느 주교는 푹아인의 큰아들
푹까인을 데리고 프랑스 베르사유궁을 찾아간다.

푹아인 왕자가 베트남을 차지하도록
도와주시면 그 지역 섬 몇 개랑
교역 독점권을 프랑스가
차지할 수 있습니다.
트레비앙~!
↑
푹까인 세자는 이 프랑스 여행 때
세례도 받았다고 카더라.

하지만 혁명 전야의 프랑스는 베트남까지 신경 쓸 여유가 없었고,
인도 퐁디셰리의 프랑스 병력은 결국 움직이지 않았다.

퐁디셰리 지키는 것도
간당간당한 판국에
베트남 개입은 개뿔;;

그래도 베엔느 주교는 어찌어찌 군함 2척과 300여 명의 다국적 용병단을 끌고와 푹아인 휘하에 붙여준다.

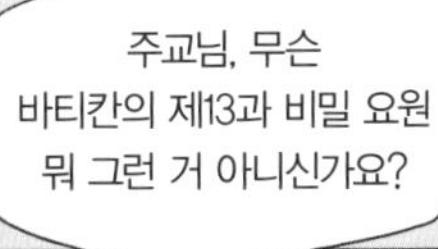
주교님, 무슨
바티칸의 제13과 비밀 요원
뭐 그런 거 아니신가요?

뭐, 다 펀딩이지요
펀딩.

이후 10여 년간의
끈질긴 공격 끝에
결국 1802년
하노이 점령.
하노이
후에
사이공
근본 없는 서산 응우옌
참칭 역적들 꺼지시고!
진짜 고귀한 응우옌씨,
광남 응우옌씨가
돌아온다!
크윽, 너님네는 결국
외세를 끌여들여 농민 혁명을 짓밟은
봉건 적폐로 기록될 것이다!

그러든지 말든지, 아무튼
천하통일!! 정통 광남
응우옌씨 황조 개창!!

가톨릭의 도움을
잊지 말아주세요~

베엔느 주교는
1799년 사망.

1대 황제 가륭제

음, 글쎄요, 앞으로는
유교 테크트리
타려고 하는데요…
청나라에 조공하고
책봉도 받았지요.
나라 이름은
월남(베트남)이
좋겠습니다.
황제
Vietnam
월남
물론 외왕내제로,
베트남 안에서는
황제를 칭하지요.
칭제 같은 건
언제나처럼
걍 모른 척 해드림.

**가톨릭에 우호적이었던
그 프랑스 유학파
푹까인 세자는
젊어서 요절했고.**

그렇게 되면,
원래는 세자의 아들인
세손에게 계승해야겠지만
걔네 가톨릭 색채가
좀 부담되었던지라~

**푹까인 세자의 동생인
푹끼에우가
2대 황제 명명제로 즉위.**

동아시아는
무조건 유교다 유교.

그리 명명제 치하에서 유교 통치가 강화되어가던 1824년.

죽은 푹까인 세자의 아들– 세손이었던
푹미드엉 왕자가 모자상간 혐의로 체포된다.

드어어어엉?!??!
Tag–
–꺼라;

그 여파로 1833년,
레반코이 장군이
푹미드엉 왕자의 복권–
옹립을 외치며
가톨릭 반란을 일으킨다.

진정한 제위 계승권자인
푹미드엉 왕자에게
저런 추잡한 누명을
씌워 정치생명을 끊다니!!

가톨릭 세력을
짓밟으려는 더러운
음모 분쇄하자!!

1835년,
레반코이 반란이 진압되고
가톨릭 대박해가 뒤따른다.

천주쟁이들이 반란 일으키고
태국, 서양 선교사 등 외세까지
마구 끌어들였으니,
가톨릭은 명실상부 역적이니라!

사실 당시 베트남의 가톨릭 신자 숫자가 60만에 달했다고도 하기에, 그 세력화를 경계하는 게 당연했지요.
응우옌 왕조하에서 가톨릭 박해로 순교한 신자 숫자는 총 13만 명에 달한다는 설도.

프랑스 선교사 10명,
스페인 선교사 11명이
순교 성인품에 오름.

이 가톨릭 박해는 당연히 세계 가톨릭의 보호자
프랑스의 어그로를 끌게 되고.

크악!
저 배은망덕한
응우옌 놈들!!
아! 응우예요~!

그리고 1840년대로 접어들면서,
1차 아편전쟁으로 영국이 동양에
큰 발걸음을 딛는 광경이
프랑스를 자극했다.

아편 사세요~
아편 사세요~
으아악
앞으로는 동양이 맛집이구나!
본격 한중일 세계사
그래, 베트남은 나름 프랑스가 침 발라놨다고 주장할 만하지.

그리하여 1847년, 드디어 프랑스 함대가 다낭 앞바다에 출현.
5명의 선교사 석방을 요구하며 포격을 날린다.

후에
(베트남 수도)
다낭
선교사 풀어줄 테니까 제발 꺼져줘!!
풀어줘도 일단 쏘고 본다!

3대 황제 소치제

그리고 이 세실 함대의 함선 라글루아르 호가 다낭 포격 직후 조선으로 갔다가 고군산 군도에서 좌초되어 호남 식문화를 체험하게 된다.

다낭 포격 몇 개월 후, 소치제는 (화병으로) 사망.

베트남에 와 있는 서양인을 모두 죽여라!
어;; 음;;

이 마지막 유언은 시행되지 않았다.

뒤를 이은 4대 황제 **사덕제**는
가톨릭 박해를 이어가고.

프랑스 선교사는
건들면 포탄이 날라오지만,
스페인 선교사는 처형해도
뭐 별일 없겠지.
스페인은
안 무서우세요?
스페인은 뭐 이제
축구 빼면 딱히…

1857년,
스페인 선교사 2명 처형.

동남아는 남미랑
뭔가 비슷한 느낌이지만
결코 남미가 아니다!
아디오스~!
뎅겅
....
꺼흙; 이젠 저 똥양
쌀국수 놈들까지
스페인을 무시하는구나.
ㅠㅠ

아조씨가 저 똥양인들
떼찌해줄게요~
스페인 여왕
이사벨 2세

기회를 노리던
나폴레옹 3세는
바로 스페인을 끼고
군대를 움직인다.

마침 2차 아편전쟁 전반전을 마친
프랑스 함대와 병력이
동아시아에 있으니
그 병력으로 베트남을 친다!

1858년 6월 톈진 조약 체결.
2차 아편전쟁 전반전 마무리

그리고 거기에 참여했던
프랑스 병력이 그대로 내려와 베트남行!

네가 감히 우리
서부 로망스어군 패밀리
스페인 건드렸냐?!

아오! 무슨 구실을
대서든 쳐들어올
생각 만땅이었구만!

침공 병력은
프랑스 2500명
스페인 500명.

형님만 믿고
따라오니라.

한 손에는 성경,
한 손에는 대포냐?!

1858년 9월, 프랑스 함대 다낭 공격 개시.

쿠쾅!

후에
다낭
1858년 10월,
프랑스 해병대 병력 1000명과
스페인 측 필리핀 병력 450명이
다낭에 상륙, 점령.
사이공
같은
동남아인들끼리
이래도 되는 걸까;
이제 전쟁
끝났다낭~?~

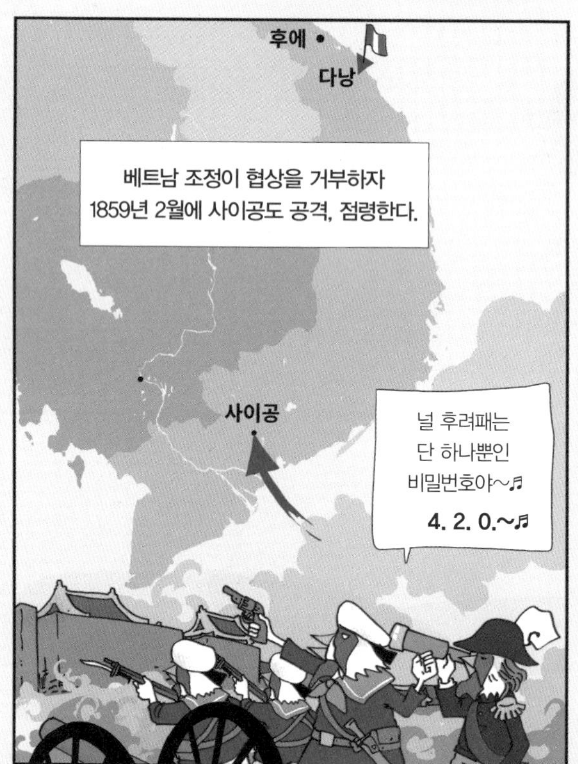
후에
다낭
베트남 조정이 협상을 거부하자
1859년 2월에 사이공도 공격, 점령한다.
사이공
널 후려패는
단 하나뿐인
비밀번호야~♬
4. 2. 0.~♬

자, 이렇게 되었으니
항복하시죠?
ㄴㄴ.
네가 항복해라.
하, 내륙까지 다
털려야 정신 차리시려나.

그런데 베트남이 건기로 접어들면서
내륙으로 향하는
수로의 수심이 얕아져서
함선 진입이 어렵게 되었고;;
이런 하천에서는
수륜식 평저선이
유리하답니다.

베트남군은 수만의 병력을
동원해 다낭과 사이공의
프랑스군을 에워싼다.

어;; 음;; 뭔가
먼 미래의 예지샷이
스쳐 지나간 기분이;;

아니, 병력 충원
물자 보급 안 해줌?!
베트남에
우리 있다는 거
까먹음?

다낭과 사이공의 프랑스 원정군은
본국에 열심히 지원 요청을 날렸지만–

마침 유럽에서는 1859년,
제2차 이탈리아 독립전쟁이
발발했는지라
으어, 잠깐,
오스트리아 좀
패고 나서;;

여기 끼어든 프랑스가 베트남에 신경 쓸 여유가 없었고.

1860년에는 2차 아편전쟁 후반전 때문에
프랑스의 해외원정 자원이 몽땅
베이징 쪽으로 동원되고 있었다.
끼요오오옷!
잠깐, 중국도
좀 패고 나서;

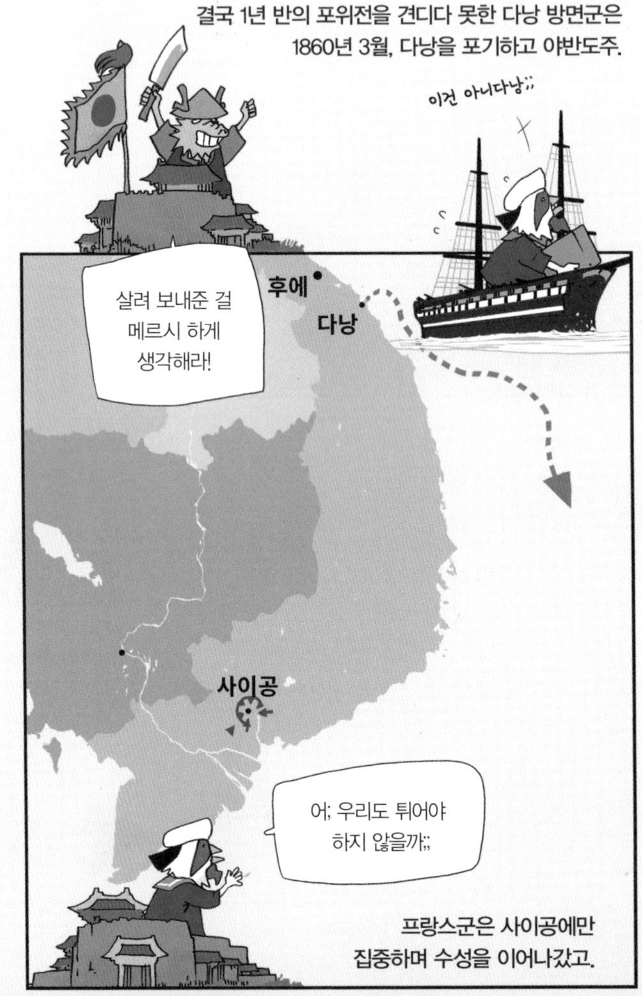
결국 1년 반의 포위전을 견디다 못한 다낭 방면군은
1860년 3월, 다낭을 포기하고 야반도주.
이건 아니다낭;;
살려 보내준 걸
메르시 하게
생각해라!
후에
다낭
사이공
어; 우리도 튀어야
하지 않을까;;
프랑스군은 사이공에만
집중하며 수성을 이어나갔고.

이 상황에서 프랑스는
베트남에 겸손한
강화 제안을 했지만.

어, 우리가 영토나 돈은 필요 없고요, 그냥 신앙의 자유나 립서비스 해주시면 철수하려는데 말이죠;;
남기경략사 판타인잔
프랑수아 파주 제독
조정의 입장이 완고해서 어렵겠소이다.

프랑스 놈들, 이탈리아랑 중국에서 연이어 전쟁 벌이느라 군 예산 오링난 거 뻔한데ㅋ 그냥 버티기만 해도 걔들은 파산한다. ㅋㅋ
커피 맛 직이네 ㅋ
오, 커피다;;

(1857년, 프랑스 선교사들에 의해 커피나무가 베트남에 입식됨)

2차 아편전쟁!!
와다다다다
자, 이제 중국이 한 1년만 더 버텨주면 이 전쟁, 우리가 이길 수-

중국은 영불 연합군의 상륙 2개월 반 만인 1860년 10월 24일 항복.

찰칵
......
껌이네~

그리하여 프랑스는 중국 원정군을 예상보다 빨리 베트남으로 전용할 수 있게 된다.

.....
오래 기다렸지?
Vive!!

봉수와!
중국 놈들 진짜 천하에 도움 안 되네!!!

1861년 1월, 중국발 프랑스 원정군 병력이 사이공 앞바다 도착.

사이공

함선 70여 척.
병력 3500명.

짜장은 좀 싱거웠는데,
쌀국수는 화끈한 맛
기대해봅니다!!

1861년 2월부터
사이공의 프랑스군은 공세로 전환.

중국 놈들이 피 1도
안 깎아놨나?!?
오히려 원명원
버프 템 효과를
얻어 왔지요.

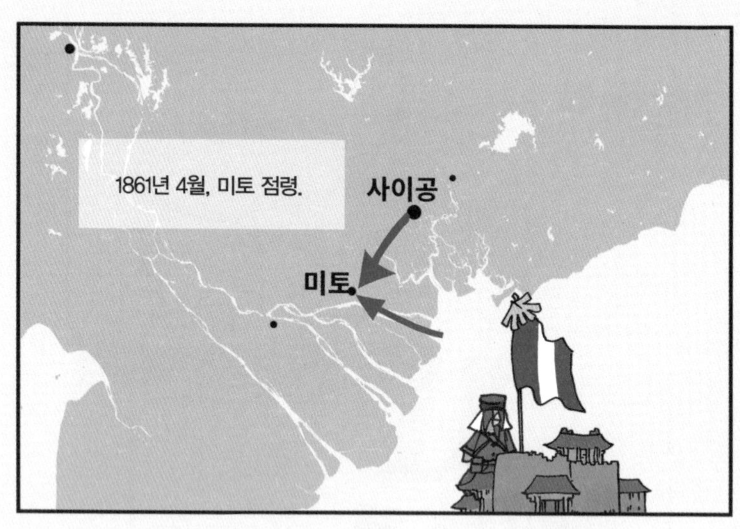
1861년 4월, 미토 점령.
사이공
미토

이에 베트남 측은 다시 프랑스 측과 협상에 나서는데,

아, 그 신앙의 자유를 허가하는 쪽으로 조정의 의견이 모아졌으니 예수께서도 바라실 평화를 부디-
레오나르 샤르네르 제독
아아, 우리 군이 원정으로 돈이 좀 많이 축났는지라 그걸 땅과 현금으로 보답받아야 하는 정치적 사정이 있어서 말이죠.

영토 할양을 거부하며 시간을 끄는 베트남 조정을 압박하기 위해 프랑스군은 1861년 한 해 동안 계속 점령지를 늘려나간다.

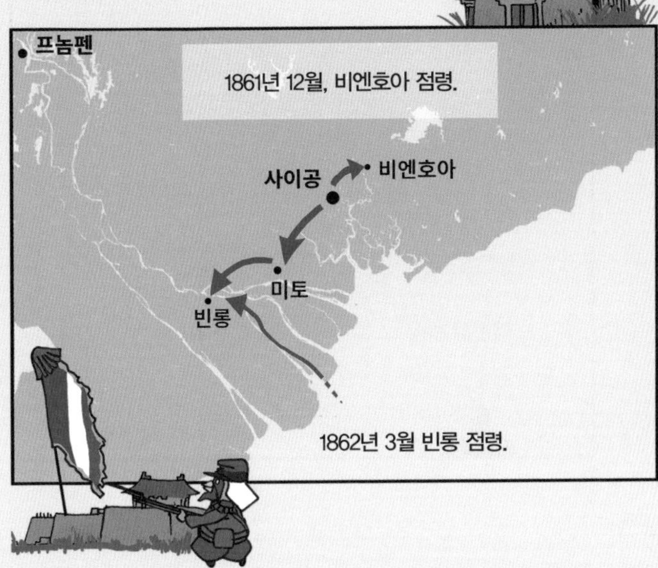

프놈펜
1861년 12월, 비엔호아 점령.
사이공
비엔호아
미토
빈롱
1862년 3월 빈롱 점령.

응우옌 정권의 물적 기반인 남부 지역이 모두 무너져내림에 따라 국가 붕괴가 현실로 다가오고.

쌀;; 쌀이 부족해;;
지역 반란들까지 터져나온다;;;
…항복;
나님은 망국의 문을 연 역신으로 기억되겠구나;;

결국 베트남은 프랑스의 요구에 굴복.

1862년 6월 5일.
제1차 사이공 조약 체결!

1. 영토 할양
프랑스가 점령한
남부 3개 주 할양!
꼰다오 제도 할양!!
시암
라오스
후에
다낭
방콕
캄보디아
프놈펜
사이공
2. 메콩강 개방
영토
할양
꼰다오 제도

3. 배상금 100만 달러.
스페인에도 좀
나눠줌.
4. 신앙의 자유.
포교 허용.
할렐루야!
신자로서의 나인가,
국민으로서의 나인가;

그리고,
이 모든 난리를 지켜보던
캄보디아는-
음 …

이 직전까지
태국과 베트남에 의해
분할당해 멸망할
운명이었던지라.

이 아이는
제 아이입니다!

읍읍;;

아니,
제 아이입니다!

그럼 반으로 갈라
나눠 가질까요?

ㅇㅇ
현명한 판단.

프랑스 주인님!!
나 좀 살려주십쇼!!
나라줍 하세요!
나라줍!!

캄보디아는 이웃에 의한 망국을
피하기 위해 1863년 나라를 들어
프랑스에 바쳐 보호령으로 들어간다.

오, 저런~♬

이렇게 프랑스령 코친차이나가
발족하게 된 것입니다.
후에
다낭
방콕
프랑스령
코친차이나
프놈펜
사이공
자, 이건
시작일 뿐이야.

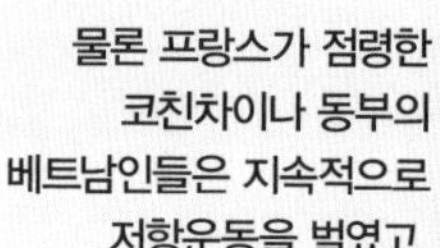
물론 프랑스가 점령한
코친차이나 동부의
베트남인들은 지속적으로
저항운동을 벌였고.

양귀 고홈!
누구 보고 감히
양키래?!

프랑스 동양 함대는 지속적으로
코친차이나를 순항하며
저항을 억누르고 다낭에서
무력 시위를 벌여야 했다.

하! 반제 투쟁은
베트남인의
본능이라고요!
이거 베트남 조정이
쟤들 배후 조종하는 거 아뇨?!

후, 베트남뿐 아니라
일본 조슈 놈들 때려잡는다고
일본까지 가서 전쟁 치르고;
(1863년, 1864년)
동양에서 해군이
이리 바쁘게 고생할 줄
누가 알았겠나;
아, 이번 베트남 무력 시위는
대충 마무리하고 빨리 또 극동으로
올라오라는데요;

뭐, 또 일본인가?

아뇨;
Corée에 가서 대포 몇 방
쏴줘야 된다는데요;

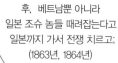

1866년 여름.
프랑스 동양 함대
황해行

제 5 장

1866 연행가

1866년 5월,
고종의 국혼이
이루어지고,

새색시의 왕비 책봉을
청하기 위한
주청사가 바로
베이징을 향해 출발한다.

정사 유후조
부사 서당보
서장관 홍순학
주청사

역관 오경석

이 연행 여정 동안, 서장관 홍순학은
부지런히 기행문을 썼고

으따, 만주 오랑캐들
집치레가 과하구나~
한족 풍습인 전족을
아직까지 지켜오다니
기특하구만!

이 기행문이 바로 〈연행가〉.
조선의 대표적인 장편 기행
가사 중 하나가 된다.

연행가
2017 수능
지문 출제!
수능에도 나온
고전 시가니까
잘 알아두라고!

(저 친구는 이번
연행길 진짜 임무를
모르는 거죠?)

양놈들은
원숭이같이
생겼어~!

(보안이 필요한 임무니까
저런 스물댓 살 애송이가
자세히 알 필요는 없지요.)

이 1866년 주청사의 진짜 임무는 임박한
프랑스의 침공을 앞두고 베이징에서 외교 활동을 펼치는 동시에—

저 잔인한 조선 놈들이
우리 선교사들 죽였다!
복수할 거야!!

로마에선 로마법을 따르라고!
선교사든 뭐든 우리 법 어기면
벌을 받는 거여! 이 법국 놈들아!

아, 중국 형님,
저것들 오지 말라고
말 좀 해줘요.

프랑스의 침공 구상과 목적, 원정군 규모에 대한 정보 수집.

목 씻고
기다려라!!

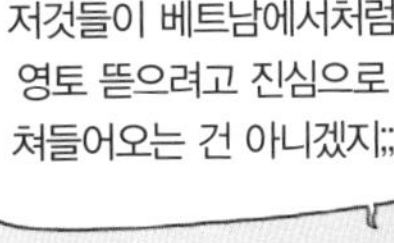
저것들이 베트남에서처럼
영토 뜯으려고 진심으로
쳐들어오는 건 아니겠지;;

그리고 이 임무는 해외 사정 1도 모르고 중국에 아는 사람도 없는 우리 노인네들이 아니라 조선 최고의 해외통 오경석이 센터를 맡아 진행해야 하는 것이오.
옙! 바로 라인 돌리겠습니다.

1866년 7월, 주청사 베이징 도착.

BEIJING

먼저 청나라 예부와 접촉.

양놈들 선교 활동은 정말 골치 아프죠….

예부상서 만청려

근데 님들, 진짜로 프랑스 신부들 처형하심?
어;; 글쎄요;;
(시치미 뗄까?)
(이제와서 어떻게 숨기겠습니까;)
예, 뭐 어쩌다 보니 우리 법대로 선교사 9명을 그리 처리했습니다.
으따, 9명;;; 깡다구 쩌네요;;

뭐 어쨌든 베이징 조약 이후로 양놈들과의 외교는
중국의 기존 조공 질서 외교와는 전혀 다른 것인지라,
우리 예부 담당이 아니올시다.

예부는 조공국들과의 전통적인 외교를 담당하고

친애하는
우리 동생들!
형님!
따거!

서양 각국과의 근대 외교를 위해서는
'총리각국사무아문'이라는 부서를 개설했습니다.

…양아치 양놈들.
표정 펌마ㅋ

이 총리아문은
서양과의 외교뿐 아니라 서양 문물 도입,
외국어 학습, 유학 등등
서구화 사무 전반을 다 다룹니다.
공친왕이 직접
장관을 겸했죠.
그런 서구화 노력에 대해서는
나중에 양무운동 파트에서 자세히.

이 총리아문으로 프랑스 대리공사가 쳐들어온 것입니다.

중국이 조선 뒤를
봐주고 있다며?!
그러니 조선이 그리
숭한 짓을 벌일 수 있던 게지!
조선 도우려고
병력도 움직이고
있다던데!

프랑스 대리공사 **앙리 드 벨로네**

조선은 중국에 조공한다는데, 어찌 톈진 조약으로 약조한 선교의 자유를 조선에 강권하지 않는지요?!
이번 사태를 놓고 중국이 조선에 상국으로서 그 책임을 묻지 않는다면, 중국의 진의를 의심할 수밖에 없겠습니다만?!
아니, 저 무식한 말씀 자제 좀요;

동양의 조공 질서는 서양식 주속관계를 의미하는 게 아니에요!
유교 세계관의 국제 버전인 거죠.

윗마을 어르신과 아랫마을 김서방의 위아래 예의 같은 거랄까—

어르신, 명절 선물 받으십시오~
허허, 세뱃돈 받으시게나.

윗마을 어르신이 김서방네 집안일에 간섭 안 하는 게 당연한 예의이듯,

아무리 대국이라도 소국의 내정을 간섭하는 무도한 일은 하지 않습니다.

"허, 그러면 향후 중국은 조선에 어떠한 우선적 이해 관계도 주장하지 않는다고 간주합니다?!"
뭐 그러시든지요.
그렇다면-
"우리 프랑스인이 가장 좋아하는 취미가 전쟁입니다! 조선을 정복하고 왕을 갈아치우겠소!"
……;;

저런 폭언을 어찌 무심히 듣겠습니까;;
천조에서 어찌어찌 프랑스를 잘 타일러주시면 감사하겠습니다. 조선은 법대로 했을 뿐이라고-
어, 뭐, 일단 예부는 프랑스 공사랑 만날 일이 없는 부서인지라;;

그러면 총리아문에 어떻게 말씀 좀 잘 넣어주시면-
어, 그게 우리 조정도 공친왕파랑 청류파랑 등등 좀 복잡하게 라인이 얽힌 부분이 있어서 말이죠;;
호다닥

이게 다 결국 체면 문제가 되는 것이니

어;; 음;;

아, 진짜! 형님이
내 편 안 들어주면
어쩌잔 겁니까?!

대국이 조공국의 뒤를 봐주지 못한다는 데서 체면이 깎이고.

조선 저거, 너네 똘마니 아님?
같이 문명 세계로 나아가자는
그런 간단한 컨트롤이 안 돼?!?
......

대국이 조공국에 영향력이 별로 없다는 데서 체면이 깎이고.

쫌만 기다려라
너네 왕 잡아다가
기아나로 보내주께.
어느 쪽으로 움직여도 체면이 깎이고.
…사실 움직일 여력도 없고.
응, 느그 황제,
사생아

동아시아 국제질서의 수호자에서 방관자行인가…

아오!! 만주족 쫄보 섀퀴들! 명나라였으면 진작에 프랑스에 선전포고 때렸다!
트루 천자 만력제니뮤ㅠ 그립읍니다ㅠㅠ
청나라가 우리 편을 안 들어주는 게 문제가 아니라–

청나라가 아예 프랑스 편을 들어서 군사 행동에 나선다는 루머도 도는데요;;
히이이이익?!

천자께서 조선의 무도함을 인정하고 프랑스의 조선 토벌에 동의 칙령을 내리셨다!!
어휴, 조선 놈들, 제가 교육을 잘못 시켰습니다. 얼른 치시죠.
토벌 동의
오, 메르시~!
의이이잉?!?!

베트남에서 올라오는 프랑스 함대에
운남성 병력이 합류해서 함께 조선을 친댄다~!

그럴듯한데?

아이고오오!! 이게 뭔
인류애 붕괴하는
망극한 흉설이오이까!
역시 천하에 중화는
우리 소중화밖에
없었던 것이더냐?!
아마 가짜 뉴스일 테니
걱정 않으셔도;;

예부에서는 헛소문들을 부인.

아니,
그런 황당한 가짜 뉴스에
누가 낚인답니까;;
시골 노인들은
그런 거에 약해요;;
그런 가짜 뉴스의
숨은 의도에 대해서는
관심이 가는군요.

오경석은 지인인 유배분에게서
여러 정보를 취득.
아아, 그 가짜 뉴스들은
역시 프랑스 공사 벨로네가
막 뱉은 얘기들일 수 있지.

복건성 통판 유배분

저 허언증 쩌는
벨로네는
이미 너무 많은
아무 말로 날뛰어대서
동양 함대의 로즈 제독과
계속 마찰을 빚고.

아니,
그리 아무 말 막 뱉어대면
우리 군사 작전에
해를 끼친다고요!!
거, 일단 신묘한 외교술로
내가 판을 잘 만들 테니 제독께선
내 그림 따라오기나 하십쇼!
아니, 내가 왜
당신 그림을 따라가?!

결국 프랑스 정부가
교통 정리에 나서서
벨로네를 조선 껀에서 떨구고
로즈 제독에게 모든 권한을 일임.

이제 내가 조용히
다 알아서 하겠소.
읍읍;

벨로네는 베이징을 두드리고
허장성세의 계책으로
조선을 압박하려 했지만,
통하지 않은 거지.
근데 저 강력한 프랑스가
굳이 허장성세를 칠
필요가 있었을는지?
그게
그럴 만도 한 게-

나폴레옹 3세가 위대한 제국 확장을 모토로
세계 여기저기에 거하게 판을 벌여댔는데-
유럽 밖으로 눈을 돌리면
이렇게 먹을 땅이 많은
블루오션인 거죠!
삼촌은 이걸
모르셨네~!

멕시코, 베트남, 이탈리아, 이집트 등등

그 해외 프로젝트들이
돈은 엄청 잡아먹으면서
이득은 별로 나질 않더라는 것.

카드
명세서
아, 해외여행 중독으로
신불자 된다는 게
이런 거구나;;

멕시코 제국!
안데스 제국!
중남미 천통 ㄱㄱ!
그중에서도
가장 거하게 벌여놨던 멕시코.
꼭두각시 황제를 세우고 프랑스
병력을 잔뜩 보내놓았는데-

막시밀리안 1세

베니토 후아레스가 이끄는 공화국군의
역습으로 멕시코 제국은 붕괴로 치닫고.
라쿠카라차다!
이 바게트 똘마니야!
오호부아~!

병력 6천을 잃고, 3억 프랑의 전비를 날린 채
1866년 현재 프랑스군은 멕시코에서 철수를 시작.

그 와중에
유럽에서는 프로이센과
오스트리아가 전쟁에 돌입.

오호?
게르만
1짱은 나다!!
오흐어어엉~!

나폴레옹 3세는
저 보오전쟁 개입각을 재고
벨기에와 룩셈부르크를 간 보느라
국내에 최대한 병력과 자원을
묶어두는 쪽으로 방향을 잡는다.

오, 잘하면
먹을 수 있겠는데?
ㅋㅋㅋ

이처럼 프랑스 본국이 해외 원정에
자원과 비용을 들일 처지가 아니기에
벨로네가 그리 오버하면서까지
허장성세를 도모한 게 아닌가 싶어.
흠트레스팅~

실제로 톈진과 옌타이 상인들 얘기를 들어보면
프랑스 함대는 여기저기서 돈을 빌리고
외상으로 물자를 구입하고 있다고 하지.
근데 님들 조선 갔다가 전멸하면 외상값 누구한테 받아야 되죠?
ㅎㅎ, 농담 재밌네요; ㅎ;

배에 실은 물자도
한두 달치밖에 안되고,
중국 어느 항구에도
후속 보급 물자를
집적해놓지 않았다고 함.
식량 금방 오링날 거 같은데;;
나폴레옹 군대의 전통– 현지 조달 모르나!
한식은 입에 안 맞는데;;

그럼 뭐 저 프랑스 동양 함대의
조선 원정은 말만 요란하고,
....
죽어랏!! 신앙의 적!! 조선의 왕을 갈아치우겠다!!
실제로는 그냥 살짝 한번 찔러보는 느낌이네요.
소다.

하지만 프랑스 놈들의
무시무시한 펙상포
작열탄은 조심하라구!
포탄이 폭발해서
주변을
다 쓸어버리지!
지난 전쟁 때
우리 팔기군이 그 작열탄에
다 찢겨나갔어.
과연.
유의하겠습니다.

오경석은
그간의 경과와
취합한 정보들을
보고서로 작성.
자, 이걸 먼저
서울로 가져가 빨리
전하세요.
옙!

재자관 심유경이 오경석의 보고서를
지니고 먼저 서울로 급행 귀국.
빠른
배송요!

오경석의 보고서는
대원군에게 올라가고.

…….

그래!! 프랑스 놈들에게는
3개월 이상 작전을 수행할
물자도 의지도 없단 말이지!
살짝만 버티면 낙승이로구나!!
크흐흥흥흐핳하핳ㅎ!

톈진
평양
1866년 9월, 옌타이 즈푸항
서울
옌타이
칭다오
비록 단타 원정이긴 하지만
짧고 굵게 임팩트 있는
한방을 날린다면 가능성이 없지 않다.

척후조 출동!

9월 18일, 프랑스 함대 척후 분견대가 조선으로 향한다.

PS. 오경석은
주청사 일행의 귀국 후에도
병인양요가 끝날 때까지
베이징에 남아
정보 활동을 이어가고
그 전 과정을
〈양요기록〉이라는
문서로 남깁니다.

하지만 후세인들은
고종 3년의 연행사를 저 기행문
〈연행가〉로만 기억하겠지.

천자 얼굴 5초 보러
삼천리 길을 갔다 오다니
허무하지 않나요? ㅎ

어쩌니 저쩌니 해도
수능이 베스트셀러의
근원이에요.

굽씨의 오만잡상

1872년, 베이징의 영국 공사관 참찬관인 윌리엄 메이어스(William S. Frederick Mayers)가 찍은 오경석의 사진입니다.
(오경석은 메이어스에게 조선의 쇄국정책을 강하게 한탄했다고 합니다.)
오경석의 아들 오세창이 물려받은 이 사진은 한동안 조선 최초의 인물 사진으로 알려져 있었습니다만

2008년, 박주석 교수가 1863년 연행사 일행의 사진들을 한국에 알리면서 조선 최초의 사진 타이틀이 넘어가게 됩니다.
러시아 공사관에서의 사진 촬영 과정에 대해서는 연행사 일원이었던 이항억이 《연행초록》에 기록을 남겼습니다.
처음보는 러시아 사람한테 사진 좀 찍어달라며 저리 자연스레 인생 사진을 남긴 조상님들의 인싸력에 감탄하지 않을 수 없습니다.

제 6 장

병인양요 上

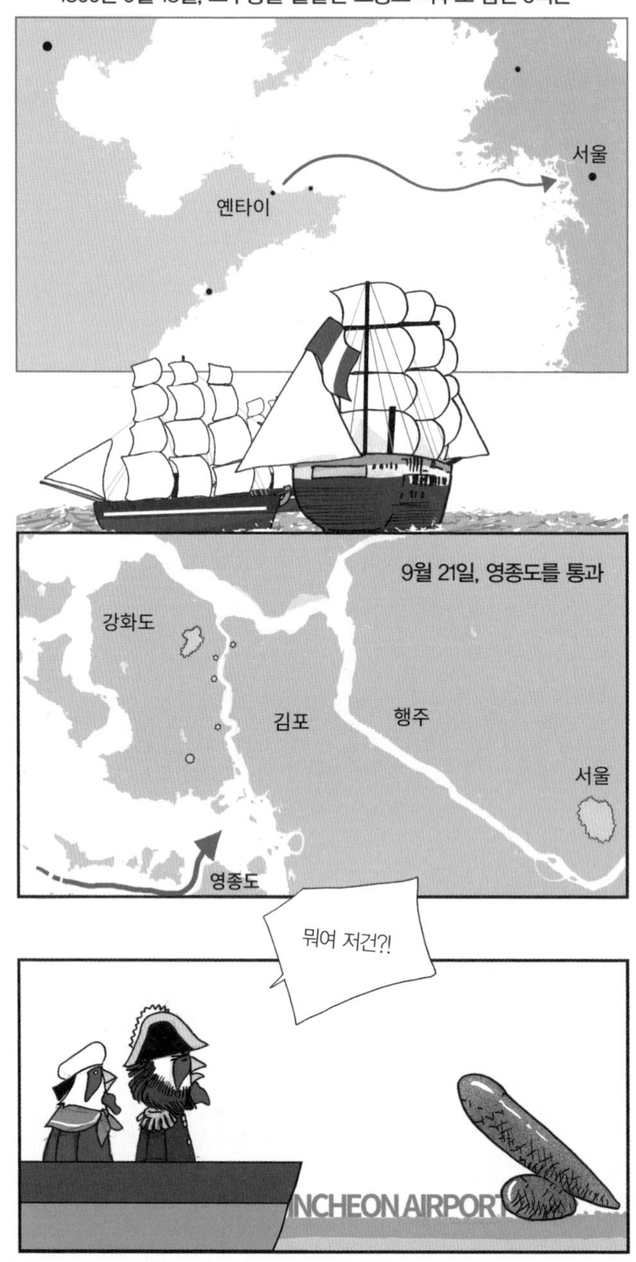
1866년 9월 18일, 즈푸항을 출발한 프랑스 척후조 함선 3척은-
옌타이
서울
9월 21일, 영종도를 통과
강화도
김포
행주
서울
영종도
뭐여 저건?!
INCHEON AIRPORT

길 안내를 맡은 리델 신부와 3명의 조선인 신자들은 천주교도들의 호응을 장담했지만

프랑스 함대가 딱! 도착하면!
최후의 심판을 맞이하듯이
10만 신도가 궐기할 것입니다!
아니;
그건 좀 뻥;;

천주교도들의 내응 궐기 대신 수많은 구경꾼들이 강변을 채웠다.

평양에 왔던
미국 배보다
훨씬 뽀대나는
이양선들이군요?
선박 설계 기술은
프랑스가 꽤 앞서 있지.

프랑스인들은 배에 오른 조선 관리들에게 함포 등을 보여주며 자랑하기도.

오오,
딜 떡상포라는
펙상포!
무기는 역시
프랑스제를
사셔야 합니다!

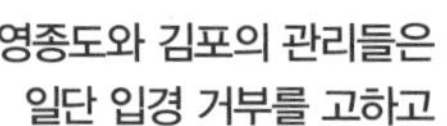

영종도와 김포의 관리들은
일단 입경 거부를 고하고

뭔, 영해 침범 수준이 아니라 아예 하천까지 비집고 들어오는 법도가 어딨소이까?!
비문명권에서는 법도가 없어도 되오.

이양선 대응 매뉴얼대로
프랑스 함대에
소, 닭, 돼지, 달걀 등의
식료품을 무상 제공.

자, 이거 먹고 얼른 꺼져주세요.
양놈 구호품 BOX
오! 메르시!

아, 근데 한강 물길 지도나 수로 안내꾼 있습니까? 서울까지 가는 길 좀 알아보려고요.

한국 음식 맛있네요~

아놔; 불어에는 염치라는 단어가 없나;

우걱 우걱

조선 수군의 저지선은
종잇장만큼의 저지력도
발휘하지 못하고.

어, 뭔가 스쳤나?
으어어어;

프랑스 함선들은
부평, 행주를 지나
9월 27일,
양화까지 도달.

행주
서울
양화
여의도

도성까지 8Km
정도인가.

한강 북안에 상륙시
합정역에서 2호선 타고
다섯 정거장이면
서울 도성이로구먼.

이양선의 도성 초근접에
서울 시내에서는
피란 소동이 벌어지고

달팽이 먹는
프랑스 놈들이
쳐들어온다!!

조정도 발칵 뒤집힌다.

이, 일단 병력을
2호선 라인에 배치해서
막도록 하겠습니다;
수군 전력 긴급 확충을
위해 왕실 예산을 씁시다;

그리 도성을 뒤집어놓은 것 치고는,
사실 프랑스 함선들도
딱히 더 할 수 있는 게 없었으니.
으어;; 여기까지 오는 동안 함선 3척 중 2척이 뻘에 좌초됐다;;
이놈의 한강은 넓이만 넓지 깊이는 접싯물이구만.
흡사 지대넓얕?

큰 함선이 왔다갔다 할 수 있는 강도 아니고,
서울 도성이 상륙 병력 몇 백 명으로 도모할 수 있는 규모도 아니고;;

뻘을 빠져나온 프랑스 함대는
10월 1일, 곧바로 한강 하구를 탈출,
중국으로 돌아간다.
오흐부아~! 다시는 오지 마르숑!

So~ 서울을 직접 칠 수는 없지만!
서울로 향하는 수운을 차단할 수는 있다!
세금으로 걷는 쌀을 전부
저 한강 수로를 통해
서울로 운송한다더만!
서울
이를 위해 강화도를 점령하면
조선 놈들이 확실히
체크메이트에 걸렸다는 걸
깨닫고 항복하겠지!!

로즈 제독은 베이징에서
한강 하구 봉쇄를 선언.

금일부로 한강 하구는 우리 함대의
작전 구역이므로 항행을
삼가주시기 바랍니다.
뭐, 어차피 아무도
안 가는 덴데.
아, 조선 가는 김에
실종된 우리 선박
행방 좀 물어봐 주세요.

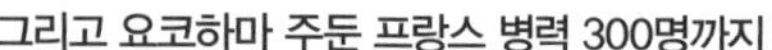

그리고 요코하마 주둔 프랑스 병력 300명까지
불러오는 등, 극동의 모든 전력을
싸그리 긁어모으고.

조선이 조ㅅㄴ될 모양인갑네;;
안 알려줘도 되려나?;;

1866년, 10월 11일,
함선 7척, 병력 1500명의
조선 원정 함대
옌타이 즈푸항 출항.

이번에는 공짜 음식 안 주겠지?

10월 14일, 로즈 함대 조선 해안에 당도.

이양선이 저렇게 떼로 몰려온 건 처음인데;
한식 맛있다고 친구들까지 데려왔나?

10월 14일, 프랑스 병력 강화도 갑곶이 상륙.

갑곶이
강화성
지난번에 불닭볶음면 먹으라고 준 놈 누구냐!!
으어어어!! 프랑스 놈들이 쳐들어온 걸 기념해서 10월 14일이 와인데이가 된 건가?!!

곧바로 강화도의 메인 읍성인 강화성을 공격.

강화성
강화 실패다! 성을 버려라!

강화도의 총책임자인 강화유수 이인기는
강화행궁의 숙종과 영조 어진을 들고 도주.

10월 17일, 강화성 함락.

너무 간단한데?

초행길임에도 정확하게
강화성 근처에 상륙하고
강화성을 바로 칠 수 있었던 데에는
조선 천주교도들의 도움이 컸죠.
이건 매국이 아니라
더 높은 차원을 위한
애국이외다.

강화성 함락 소식에 조정 뒤집.

(대충 강화성 함락되고
성내 시설 다 털렸다는
보고 내용)
이틀 만에 강화도가
거진 다 털렸다고라?!

강화성 내에는 강화행궁과
왕실 서고인 외규장각이
위치해 있었던 바,

종묘 사직의 백업 데이터베이스가
양놈들에게 털렸는데
비분과 송구함을 어찌 죽음으로
토하지 않을 수 있으랴!

그 비보에 전직 관료
이시원, 이지원 형제가
자결할 정도로
그 의미가 컸던 것.

10월 16일, 조정은 훈련대장 이경하를 사령관으로
적 퇴치를 위한 순무영 사령부 설치.

나님도 이제
공을 세워 오명을
씻어야죠. ㅎ

여러 무관들이 속속 배치되는 와중에
진주민란 책임자인 백낙신도
행주산성 방어 담당으로 발령.

베이징발 보고서에 의하면
적은 장기전 준비가 되어 있지 않다!
적당히 밀당하며 버티면
우리가 이긴다!
아니; 저;

장기전 준비가 되지
않은 걸로 치면
우리도 똑같죠;;

수도권 병력 중에 움직일 수
있는 병력이 약 6천인데,
얘들 강화도까지 보내고
주둔시키고 먹이는 데
쓸 돈도 없고;
물자 수송도 어렵고;;
음;;

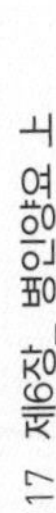

수로에 적 함선이 왔다 갔다 할 텐데 배로 물자를 나르는 건 위험하잖겠습니까;
지방 병력 사정은 더 안 좋을 거고 말이죠;;
뭐, 다 방법이 있지!

대원군은 의병 궐기를 촉구.

총 잘 쏘는 사냥꾼들을 프로 의병으로 징모한다.

일어나라! 의병!! 민족의 충혼!! 의병 중대 한 개 이상 조직하거나 그에 상응하는 금액을 헌납하는 인사에게는 관직 가산점 부여가 있으니 참고 바람-

그리고 군수 문제 해결을 위해 보부상 조직과 접촉.

자네들 조직으로 군수와 이모저모를 맡아준다면 이 어찌 보부상 조직의 유서 깊은 충렬지사에 빛날 위업이 아니겠나.
아, 늬예;;

부상 도반수 왕민열

그리 해주면 조달 사업이나
전매 사업 등의 특혜로
나라에서 보답이 있잖겠나~
어휴, 맡겨만 주십쇼!
저희가 태조대왕 때부터
왕실의 수족
아니겠습니까요.

So, 보부상 조직을 통해
군수와 각종 인력 동원을 해결하고,

앞으로도 권력자들에게
요긴하게 쓰임받을 거입죠. ㅎ

영종도에서는
프랑스 측과 접촉,
요구 조건을
들어본다.

아, 왜 때문에
이 난리인 거요?!
우리 선교사 9명
죽였잖아!!
음? 그런 적 없는데?
안 죽였는데?
안 죽였으니까 돌아가.
아니;; 뭐 이리
대놓고 뻔뻔해;;

10월 19일, 로즈 제독의 통첩.

1. 프랑스 선교사
처형 책임자 3명 처벌!
2. 신앙의 자유와 교역 등을
위한 조약 체결!

내가 바로 그 처형 책임자다!!
와서 처벌해봐라!!
붙어보자!! 김포로 와라!
김포 Xi 빌리지
5단지 503동~

프랑스 함선들은 한강 하구와 강화도 주변에 떠 있는 배는 군민을 가리지 않고 모조리 다 격침시키며 돌아다닙니다.

거, 쓸데없이
깡다구만 과하시네.
뚜숑

한강 하구뿐 아니라
황해도 해안까지 쓸어버리며
돌아다니니 전쟁 기간
수운 올 스톱.
으어;;
쌀이 안 온다;;

강화도 내에서도 다른 작은 보들에 대한 공격이 계속되고,

크읏. 저것이 중국과 일본을 굴복시킨 에임핵;
투당 투탕 타다당

10월 말, 갑곶진, 광성진 등이 연달아 프랑스군에게 점령당한다.

강화성
갑곶진
김포
광성진

와, 근데 세상에 몽듀 맙소사; 조선 놈들은 화승총을 쓰고 앉았네;;

불붙은 목면 새끼줄을
화약 접시에 담가 격발시키는 화승총.

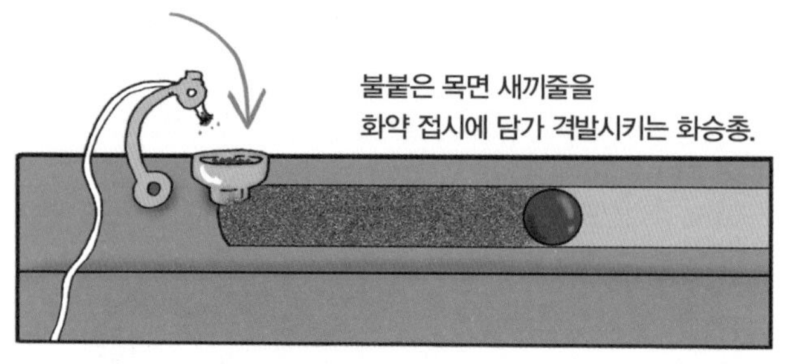

예! 임진왜란 때 쓰던
바로 그 조총말입니다!
(일본 조총에 사용된 목면이
죄다 made in 조선이었다는 게
아이러니하달까요ww)

유럽에서 17세기 초까지 쓰이던 화승총은
이후 부싯돌 점화 방식인 플린트록의
보급으로 점차 사라져갔고.

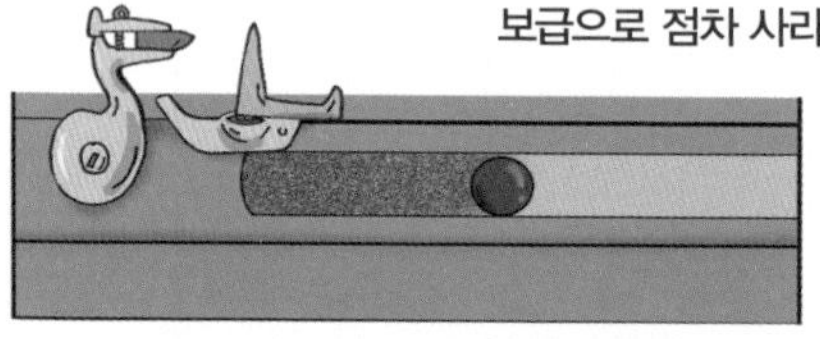

프랑스인들에게 화승총은
30년 전쟁의 추억.

그 플린트록도 18세기 중반 무렵이면 거의 퇴출되고
퍼커션 캡 라이플이 대세가 된 것이다.

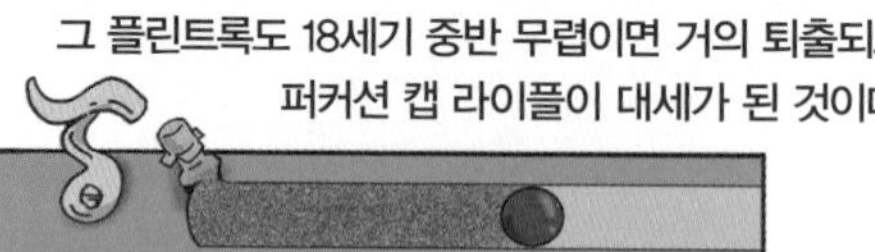

이러고 다니던 시절.
기술 격차가 한
200년 정도 나는구나;

강화도로 건너가려다간
싸워보지도 못 하고 함포에
다 물귀신 될 각이에요;;
일단
타고 갈
배도 없어;;

사정이 이렇다보니
순무영군 4천은 감히
강화도로 건너가지 못한 채
김포에서 엉기적거리고
있을 수밖에 없고.

결국 강화도는 포기할
수밖에 없다는 쪽으로
의견이 모아집니다요;
크윽;;

조선 놈들이 강화도로 건너오기 힘들다고 하지만
그래도 억지로 강화도로 건너올 경우에는,
저 문수산성으로 보호되는 나루터에서 올 것.

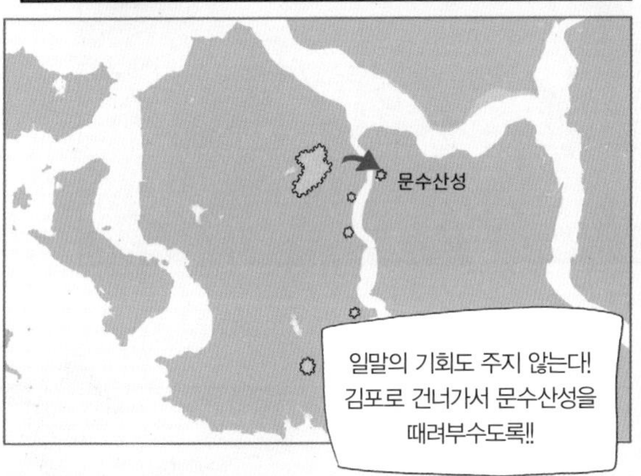
문수산성
일말의 기회도 주지 않는다!
김포로 건너가서 문수산성을
때려부수도록!!

10월 26일,
프랑스군 160여 명이
김포에 상륙.
문수산성으로
향한다.

조선 놈들
다 도망갔나~

꾸에에엑?!!
타타타타타탕 타탕탕 탕

매복이다!!!

성벽 뒤에 숨어 있던
조선군의 기습 사격.

순무영 초관
한성근이 지휘하는
황해도 포수
150명이 문수산성을
수비 중이었던 것.

C'est - 조선의
호랑이 사냥꾼이다!!

'호랑이' 사냥꾼?
(tigre)

굽씨의 오만잡상

병인양요 때 프랑스군이 약탈해간 외규장각 의궤 297권의 반환을 두고 여러 이야기들이 있었지요. 박병선 박사가 프랑스 국립 도서관의 훼방을 뚫고 그 존재를 알리며 의궤 반환 운동을 시작. 1993년 방한 때 미테랑 대통령이 전시용으로 가져온 의궤 한 권을 김영삼 대통령에게 전격적으로 반환한 이후 (TGV도입의 대가는 아니지만, 호감을 위한 제스처일 수도), 프랑스 국립 도서관의 극렬한 반발을 무릅쓰고 프랑스 정부는 좌우를 가리지 않고 꾸준히 외규장각 의궤 전권 반환을 추진해왔습니다. 결국 2011년 외규장각 의궤 전권이 반환되어 국립중앙박물관으로 들어오게 됩니다(대여라는 형태지만 사실상의 반환이죠).

이 또한 각국의 의식 함양으로 이룩한 문명 발전의 진일보 아닐까 싶습니다.

제 7 장

병인양요 下

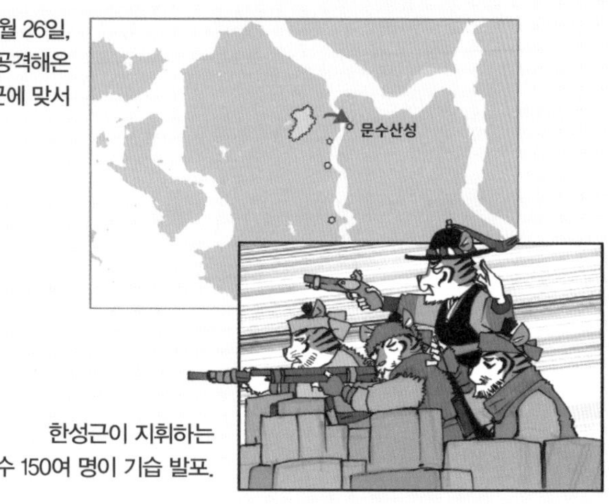
1866년 10월 26일,
김포 문수산성을 공격해온
프랑스군에 맞서
문수산성
한성근이 지휘하는
포수 150여 명이 기습 발포.

프랑스 병사 3명을 사살하는 전과를 올린다.
와, 19세기 중반 대명천지에
화승총 맞고 죽을 줄이야;;

하지만 곧 정신차린 프랑스군의 반격에 직면.
헉, 세다;
크악!
얕은 수작을
부리다니!!
뚜당땅탕
라이플
맛 좀 봐라!!

조선군의 활강 머스킷 탄환은
흐물흐물 날아가지만

아리 아리랑~ 쓰리 쓰리랑~

프랑스군의 라이플 미니에탄은
강선을 타고 회전하며 똑바로 날아온다.

엘랑비타아아ㅏㅏㅏㅏㅏ알!!!!!

그런 압도적인 화력 차이 앞에 결국
조선군은 문수산성을 포기하고 후퇴.

으따; 화승총
상대로 빡셌다;;
크윽; 놈들이 드디어
강화도에서 김포 내륙으로까지
침입해 들어오는 것인가;

ㄴㄴ, 그냥 불태우고
돌아갈 거야.

프랑스군은 문수산성과 마을을 불태우고 강화도로 철수.

김포에 전개한 조선군 병력이
1만에 달할 것으로 예상되는바,
내륙으로까지 진공하는 건
도저히 무리입니다.
그냥 강화도나 단단히
지키면서 함포 사격이나
해주는 게 최선이겠군.
근데 슬슬 탄약이
간당간당해서 함포 사격을
계속하기도 좀;;;

거, 상하이에서 물자 좀
더 보충해오면 안 될까.
돈이 없죠.
외상으로-
이미 외상에
안 갚은 빚이 많아서 아무도
외상으로 안 줄 걸요.

거, 참. 여기가 조선 왕실의
임시 궁궐이라던데
값나가는 보물 같은
거라도 없나?
있고말고요~!!
이 왕실 서고에서 발견한
수백 권의 책들로,
동양학에 한 장르가
통째로 추가될 겁니다!!

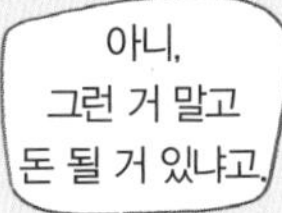
아니,
그런 거 말고
돈 될 거 있냐고.

아, 예… 금고에 은괴
19상자가 있던데요.
올ㅋ

순무영 측에서도 강화도 수복 작전 고심 中

크;;
어떻게 건너갈
엄두가 안 나네;
프랑스 함선들의
이동 패턴을
분석해보죠.

순무영 대장 이경하

순무영 중군 이용희

거, 꾸물거릴 때가 아니죠!
걍 나님이 특공대를 이끌고
후딱 건너가 보겠습니다!!
헐;

순무영 천총 양헌수

양헌수는
부대를 이끌고 손돌목行

강화성
문수산성
기습적으로
해협을 건너려면
여기밖에 없어.
손돌목
정족산성

난코스로 악명 높은 강화 뱃길 중에서도
조류가 가장 미쳐 날뛴다는 손돌목.
프랑스 함선들도 거를 것이다.
쏴 쏴
이 손돌목에는
슬픈 전설이 있어.

옛날 고려 시절, 몽골군의 침공을 피해
임금이 강화도로 도망갈 적에 손돌이라는
뱃사공이 모는 배를 타게 되었는데-

아니, 지금 배를
어디로 모는 건가?!
점점 밀려 올라갈
뿐이잖아?!
아, 이게
맞는 길입니다요.

배가 강화도로 향하지 않음을
임금이 의심하여–
저거, 몽골군에 임금을
팔아넘기려는
매국노가 아닌가 싶다!
죽여라!!
아놔;;

손돌은 죽기 전
마지막 유언을 남겼으니–
이 표주박이 흘러가는 대로
따라가면 안전하게 강화도에
닿으실 겁니다.
푹찍

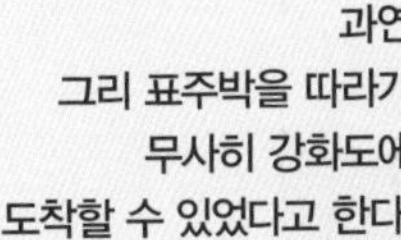
과연
그리 표주박을 따라가
무사히 강화도에
도착할 수 있었다고 한다.

헐; 진짜였네;;
이거 미안해서 어쩌지;

손돌이 죽은 매년 이맘때면,
파도가 더욱 미쳐 날뛴다는데-

손 사공이여, 부디 프랑스 함선들을
훼방 놓고, 아군을 보살피소서.

손돌 묘

손돌 묘에 제사를 지낸 후,

11월 7일 밤,
손돌목 해안가에
병력 집결.

헉, 설마, 진짜로 강화도로 건너가는 건가?
술렁~ 술렁~

549명의 병력 중 367명이 호랑이 잡다 온 포수들.

아니, 나으리, 양놈 함선이 어디서 지키고 있을 줄 알고 배를 띄운답니까;;
양놈 함선 아니더라도 여기 물살, 장난 아닌데요;
이 위험한 물길을 어찌 한밤중에;;
하-

포수들이 선뜻 배에 오르지 못하고 동요했지만

밤바다 따위를 두려워하는 포수가 호랑이를 잡았다는 건 거짓말이다! 너네 고향에 겁쟁이라고 소문 다 낼 거다!
쫄보들은 도망가라! 나 혼자라도 건너간다!!
–등등의 전형적인 독려로 어찌어찌 포수들을 배에 태움.

그리고 전원 무사히 강화도에 상륙 성공.

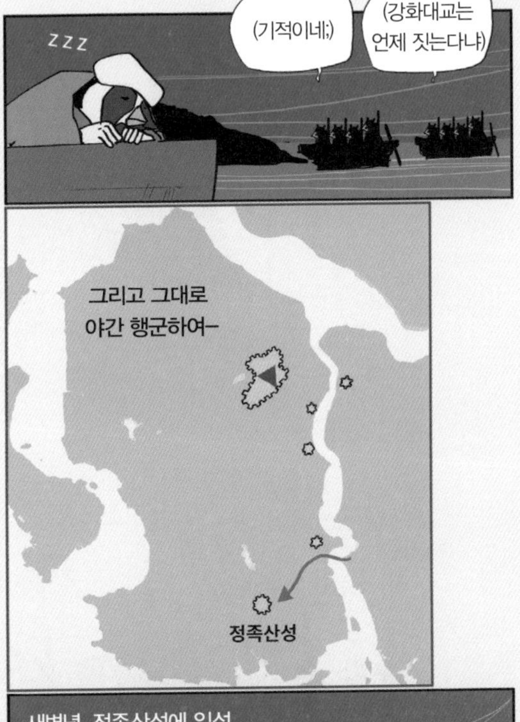
ZZZ
(기적이네;)
(강화대교는 언제 짓는다냐)
그리고 그대로 야간 행군하여–
정족산성

새벽녘, 정족산성에 입성.

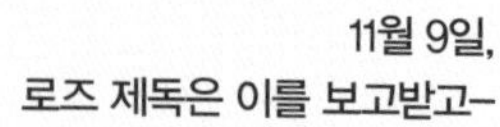
11월 9일,
로즈 제독은 이를 보고받고–

천주교도들 얘기에 따르면 그제 조선군 수백 명이 건너와 정족산성에 들어갔답니다!
하, 쥐새끼같이 어케 건너왔누.

올리비에 대령. 가서 좀 걷어내고 오도록.
위 무슈! 이 커피가 식기 전에 돌아오겠습니다!
ㅇㅇ. 보온병에 담아놓을게.

11월 9일 아침, 올리비에 대령이 지휘하는 프랑스군 160명이 경쾌하게 정족산성을 향해 진군.
대포는 무거우니까 안 끌고 갑니다.
강화도 가이드북
대신 나귀에 점심 도시락을 가득 싣고 간답니다.

아침 9시경, 프랑스군은
정족산성 동문으로 접근.

북문
동문
실록 사고
전등사
남문
서문

'정족산성은 그 시초인 삼랑성을
고조선 때 단군의 아들들이 지었다는
전설이 전해져 내려오고,
성내 전등사에 조선왕조실록을 보관하는
정족산 사고가 있다고 한다.'
보기엔 써름해도 나름
유서 깊은 돌더미구만?

그리고, 놈들이 100보 거리
표식 이내로 들어왔을 때-
불쑥
잉?

몽듀!!
서프라이즈!!
따탕탕따탕타탕땅땅타땅

흉벽 뒤에 몸을 숨기고 있던 포수들이 일제 사격.

동문에 포수 150명

북문

동문

실록 사고

전등사

남문

서문

남문에 포수 161명

프랑스군이 동문의 말굽형 사선 내로
들어와준 덕분에 더 큰 피해를
안겨줄 수 있었지요.
크악; 화승총 쏘는
극동 원주민들이라고
너무 방심했다;;

헉; 하지만 역시
만만찮구나!

피융

프랑스군은
곧 전열을
가다듬고 반격.

제대로 싸우면 저까짓
중세 총병들 따위;;

"우리 총의 사거리는 100보지만
양놈들 총은 사거리가 500보에 이르는 것;;"

거리를 좀 벌리고 은폐, 엄폐해서
쏴대면 대포 없이도 얼마든지
이길 수 있다!

"왼손으로는 총에 맞은 동료를 끌며,
오른손으로는 총을 쏜다.
그 군기의 엄정함과 훈련도가 이와 같다."

과연 유럽 최강 프랑스군이라는 건가;;

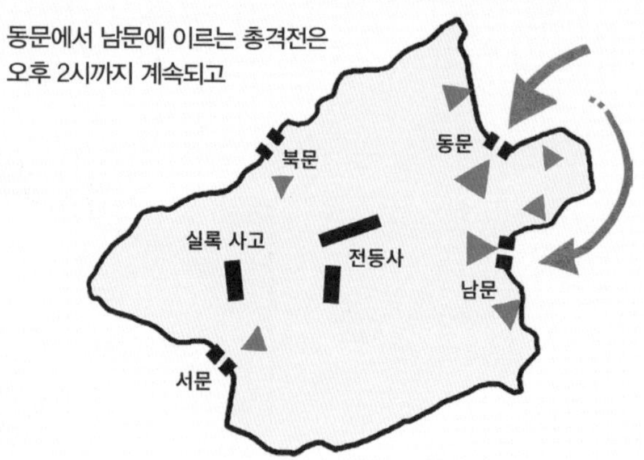
동문에서 남문에 이르는 총격전은
오후 2시까지 계속되고
북문
동문
실록 사고
전등사
남문
서문

그리 5시간이나 계속 총을 쏘다보니, 결국 탄약이 오링났습니다!!
큿;;

…최후는 칼을 휘두르고 돌을 던지며 맞이하는가;;

-라고 절망하는 찰나! 적이 후퇴합니다!!
으잉?!
ㅌㅌㅌ

프랑스군도 탄약이
다 떨어졌던 것이다.

크읏; 대포만 끌고 왔어도
저깟 미개인들 따위;;

그리고 뭣보다
점심 도시락을 싣고 온
나귀들이 다 도망간지라,
배고파서 더 싸울 수가 없다;;
"약한 부대다."

후퇴하는 프랑스군을
조선군은 신나게 추격하지만

치킨 파티 할
모가지 내놔라!!
ㄷㄷㄷ
오버질
ㄴㄴ해

프랑스군의 후퇴 태세가 엄정해 추격전은 실패.

조선군은 정족산성으로 돌아와 프랑스군이 상실한
점심 도시락을 회수해 승리 만찬을 벌였다고 한다.

우리 동네 파바가
더 맛있구만!
와인도 요즘은
캘리포니아산이
더 나은 듯.

정족산성에서 패퇴!!!
총격으로 부상 36명!
그중 2명은 목숨이
위험합니다;;
뜨엉?!

이러면 나가리뉘데;;
강화도를 확실히 틀어쥐고
수운 봉쇄로 조선 조정을
겁에 질리게 만들어야 했는데,
이러면 사기 충만해서
강화도 수복전에 총력을
기울이겠지;;
할뚜이따!
할뚜이따!

그리고 저리 건너온 것처럼
1만 조선군이 계속 찔끔찔끔 건너올 거고;;

강화도 전체 장악도
이제 어렵겠고;

마침, 구출해야 했던 신부 2명은 이미 중국으로 무사히 탈출했다지?
두 신부님들은 주님의 은총으로 무사히 탈출하셨답니다.
그래도 조선 정벌은 계속 진행하셔야죠?

So, 우리의 모험은 여기까지다. 이제 돌아갈 시간이야. 짐 싸라.
예에에?!
빠르동?!

아니, 저런 미개 똥양인들을 상대로 그헝 내숑의 위엄을 제대로 보이지도 못하고 야반도주 한다굽쇼?!!
이리 당한 걸 갚아주지도 못하고 돌아가는 건 수치죠!
진심 이런 데서 겨울나고 싶냐?
어; 그건 아니지만;;

프랑스군은
철수에 나서며
강화성 내
외규장각 고서
345권 등을 약탈.

조선에 책 도둑은 도둑이 아니라는 말이 있다지요.
책 도둑이라기보단 책 강도잖아;;
뭐 한 130년 장기 대여라고 칩시다.

11월 10일 프랑스군, 강화도에서 철수.

오흐부아~

부아가 치밀어오르는 모양이네.

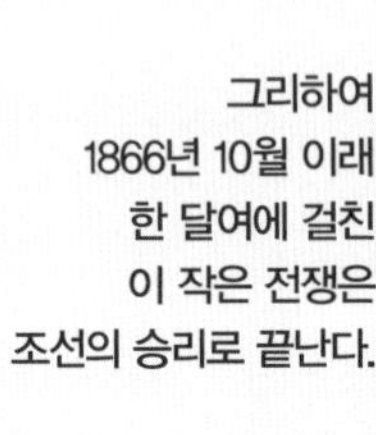

그리하여
1866년 10월 이래
한 달여에 걸친
이 작은 전쟁은
조선의 승리로 끝난다.

천세~! 천세~! 천천세~!
어이, 조선, 설마 강했던 건가?!
대조선국의 승리!
병인양요는 조선의 승리로 끝났습니다.
불휘 기픈 남간 바라매 아니 뮐쌔.
이겼닭! 오늘 저녁은 치킨이닭!

제 8 장

양요 이후

洋

조선 가서
발리고 왔다?
역시
그 랑스.
……
수근수근
프랑스 신부
9명 목 날려도
별 거 없구만?
우리 실종 선박
소식 좀 들었슈?
이 쪽팔림이 이번 원정
최대 손실이지요;

병인양요 후, 프랑스 정부는
조선 원정에 대해 빠른 손절 시전.

어; 그 사태를 두고 베이징 공사관에서
뭐라고 떠들었건, 그건 프랑스 정부의
공식 입장이 아닙니다;;
……
마음 상할 일
없으시길;
본국 정부의 주도로
진행된 작전도
아니에요!!
첨부터 끝까지 걍
해군 본부에서 알아서
진행한 작전입니다!
ㅇㅇ
사실입니다;
사실입니다;;

또한, 프랑스 본국의 관심은
베트남에 집중되어 있었으니,
조선 같은 촌구석까지 깊게
신경 쓸 겨를 없었다고요!
아, 늬예 늬예
ㅋ
아오; 조선에서 뺨 맞고
베트남에서
화풀이할 셈인가;

1862년, 1차 사이공 조약으로
코친차이나 동부 3성을 프랑스에 할양한 후,

월경지가 된 코친차이나 서부 3성은
판타인잔이 남아 다스린다.
후에
프랑스 보호령
캄보디아
프랑스령
코친차이나 동부 3성
사이공
코친차이나
서부 3성
Ville de lumières
PARIS
양놈들이 무시무시한
SF 스팀펑크 문명을
달성해부렀어;

영토 협상을 위해 파리에 다녀오면서
산업 문명의 부강함을 목격한
판타인잔은 저항 무용론자가 된다.

판타인잔은 코친차이나 지방 세력들의
반불 저항운동을 만류하지만

아 글쎄,
계란으로
바위치기라니까;
계란으로 바위 부수기가
이 나라의 종특입니다!

반불 저항 세력은 서부 3성을 기반으로
끊임없이 동부 3성 탈환 운동을 전개.
매콤한 쌀국수
맛 좀 보시라!!
베트남 쌀국수는 프랑스식
육수의 도입 이후에야
완성될 수 있을 것이다.
동부 3성
서부 3성
우리 영역 중간에 자리한
골치 아픈 게릴라 근거지– 서부 3성…
판도를 좀 예쁘게 정리할 필요가 있겠어.
그랑디에르 제독
(로즈 제독의 상관)

1867년 6월. 프랑스군,
코친차이나 서부 3성 점령.
으어;
안 돼;;
서부 3성
계란이 아직
좀 약하구나;
딱 봐도 나님이
계란 전문가인 것
같지 않냐?!

이에 판타인잔, 음독 자결.

무의미한 저항으로
백성들 희생 늘리지 말고
일단 항복하고 때를 기다려라…

아, 진짜;
늙은 선비는
도움 안 되네;;

이게 바로 大프랑스의
동양인 참교육이다!
조선은 걍 해군 본부가
잠깐 건드려본 일탈일 뿐!
워, 졸렬비탈 보소.

뭐라 흐엉흐엉 거리건,
우리가 이겼다!
Vive la Corée!!

아편전쟁 이후 양귀 인베이전의 공포에 시달려왔던 조선인들은 양귀를 성공적으로 격퇴한 이 승리를 크게 자축.

승전 공로자들에 대한 대대적인 훈포상 시행.
양헌수는 한성부 좌윤(서울 부시장)으로 승진.

박규수는 품계 승작.

조선은 강한 거죠?
....

(제너럴셔먼 호 사건도 병인양요로 통쳐서 일컬었음)

자, 거국적인 양이 기운을 이어나가 천주쟁이 박멸에도 더욱 박차를 가하도록!
천주쟁이들이 이번에 프랑스 앞잡이 노릇을 했다지?!
.....

사특한 양귀 함선의 진입으로 더럽혀진 한강을 천주쟁이들의 피로 씻어야 한다!

-그래서 양화진 절두산이 처형 핫스팟이 된 거.
근데, 목이 한강으로 굴러떨어지면 실제로는 강이 더 오염되는 거 아님?
순교자의 시신은 성유물이니까 강이 오염되진 않겠죠.

그리고,
서양 물품 불매 운동도.
ㄱㄱ!
洋
조선에
서양 물품이
있다굽쇼?

그게 말입니다,
우리가 열심히 중국에
면직물을 팔려고
노력해왔잖습니까?
그치만 영국 면직물은
딱히 잘 팔릴 이유가 없-
으잉?!!! 이게
무슨 면이여?!!
면 맞음???!??!

19세기 영국 면직물 업계는 끝없는 혁신 경쟁을 통해 점차 새로운 차원으로 도약하고 있었습니다.

블랙번産이
최고다!
맨체스터産이
존엄이지!!
영국놈 게 섯거라!
양키 면직물
나가신다!

1. 19세기 중반 널리 도입된 링 정방 기술을 통해 방적 업계는 궁극의 실을 뽑아내게 됩니다.

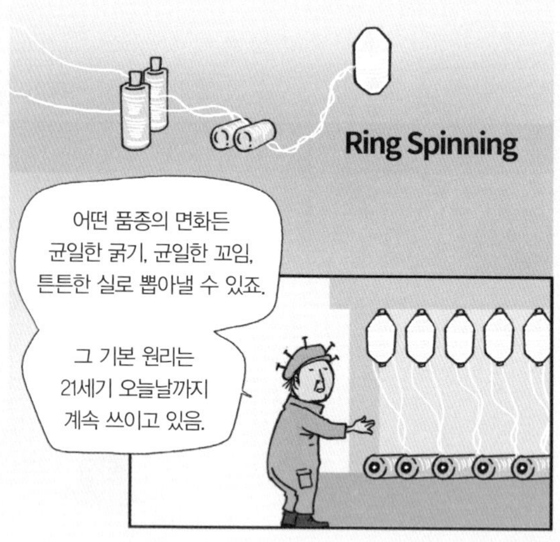
Ring Spinning
어떤 품종의 면화든
균일한 굵기, 균일한 꼬임,
튼튼한 실로 뽑아낼 수 있죠.
그 기본 원리는
21세기 오늘날까지
계속 쓰이고 있음.

2. 그리 뽑아낸 실로, 랭커셔 방직기 시리즈들이 궁극의 천을 명징하게 직조해냅니다.

Lancashire Loom
인력으로는 불가능한
레벨의 촘촘함, 균일함,
유릿장 같은 매끈함.

1830~1850년대에 걸친 랭커셔 방직기 시리즈들의 업그레이드 과정은 현대 방직기의 기초가 됩니다.

3. 그리고 화학 공정의 발달로 면직물의 대규모 화학 표백이 수월해집니다.

물론 좀 유독한
부분이 있긴 하죠.
Na2S2O4

그렇게 방적, 방직, 표백의 3부문 혁신이
합쳐져서 탄생한 랭커셔산 면직물!

입어주시겠습니까?
이 뭔 면?!
Lancashire Cotton

이 면직물들은 중국 시장에서
기존 면직물의 2~3배 가격에도
불티나게 팔려나갔습니다.

테킷 마이 머니!!
이제껏 우린 뭘
입고 있었던 거죠?!
元
元
MADE IN CHINA

산업화 과정에서의 혁신은
대량 생산, 코스트 인하 외에도,
압도적 품질 향상이라는 게
있다는 거죠.

그렇게 압도적인 품질로
하이엔드 시장을
열어젖히는 산업화 선도국!

이 영국산 면직물들은 중국 상인들을 통해
조선 상인들에게도 소개되니–

서양목이라해.
함 만져보라해.
손, 손이
녹아내려요!!
So, 19세기 중반
조선 상인들의
중국 무역 메타는
홍삼 수출과
서양목 수입!
홍삼 수출
서양목 수입

서양목은 조선에서 크게 인기를 끌어
상류층 가정의 필수품이 되고,
서민층에서도 인기 있는 혼수품이 됩니다.

옥과 같이 매끈하고
빛난다 하여 옥양목이라
부르기도 합니다.
웨딩드레스는
이걸로 맞추기로–
옥양목은 개뿔!
지옥양목이다!!
양놈들과 전쟁하는데
이 무슨 양놈제 사치품?!
서양목 수입 금지!!
수입 적발시 사형!!
이 양반이 뭔 또
미친 말씀을;

서양 상품은 떼돈 벌려고 만드는
제작 의도부터가 삿되기 그지없는 것!
그저 소소한 일용을 위해 만드는
우리네 조선 물건의 도리에
어찌 비할 것인가!
洋
아니, 저;;
그래도 서양 물건을
사야 할 경우가
있을 것 같은데요;;

이번에 한강을 봉쇄했던 프랑스 함선의 차원이 다른
위력을 두고 조야가 근심에 휩싸였습니다.

우리 수군은
쓸모 1도 없더만;
우리도 서양과 같은
화륜선이 있어야겠습니다.
ㅇㅇ,
화륜선에는
화륜선으로
맞서야.

그런고로- 아무래도
상하이에서 서양 화륜선을
한 척 사오는 편이-
서양 물건 안 산다고!!!
(돈 없어!)
그럼 어찌;;
우리 손으로 직접
만들면 되지!!

마침, 지난번에 수거한
이양선 엔진도 있겠다-

이 엔진을 가지고,
'해국도지'의 화륜선 개념도를 참조해,
국산 화륜선을 건조한다!
HYUN KAI
뭐 어떻게든
되겠지;;;

그렇게 정부 소유 철, 동을 몽땅 투입해
조선 최초의 국산 증기선 건조!
화륜 전함 아사달!
(상상명)
(상상도)

이 국산 증기선은 제대로 안 움직였다고도 하고,
제대로 움직여서 3척을 만들어 배치했다고도 하고.

파리를
포격하라!!

하지만 연료인 숯이 너무 비싸고,
제대로 된 운영 인력도 없어서
결국 나중에 해체했다고.

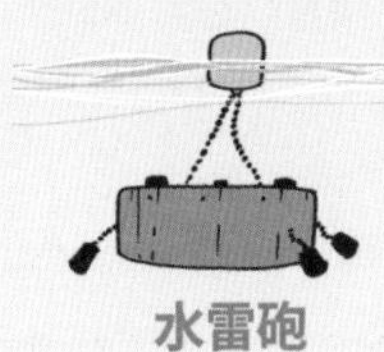
水雷砲

한강 하구 방위를 위한
보다 실질적인 노력으로, 시한 기뢰인
수뢰포를 제작해 배치합니다.

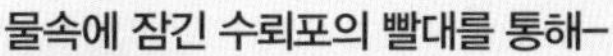

물속에 잠긴 수뢰포의 빨대를 통해–

화약

물 주머니에 물이 점차 차오르면,

걸림쇠가 벗겨지고–

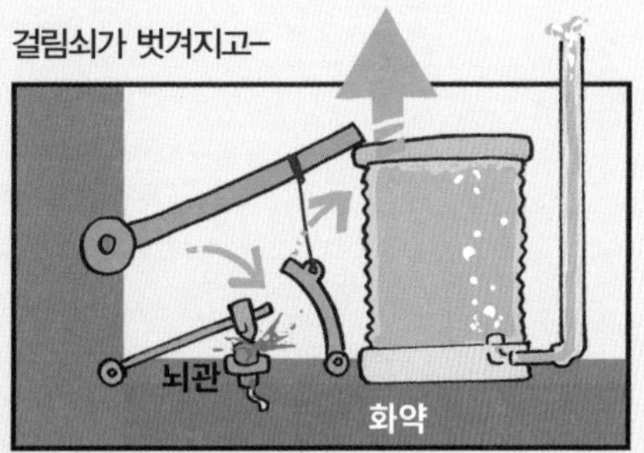
뇌관
화약

공이가 뇌관을 타격, 격발.
(뇌관의 뇌홍은 중국에서 수입)

위력은 괜찮았지만 적 함선 근처에
세팅해야 한다는 문제가 있었죠.

그 외에도,
서양 대포를 본따
운현궁 소포를
제작하기도 합니다.

하지만 강철 제작은 엄두도
못내고 청동으로 만들었죠;;

또한 全국민을 대상으로 국방 아이디어를 모집.

운현궁 주최
국방 아이디어 공모전

양귀 인베이전에 맞서
나라를 지켜낼 번뜩이는
아이디어를 찾습니다!

대상 : 상금 300냥
우수상 : 석파란 한 점

이메일 접수
Suckpa@wisdom.co.kr

전국에서 수많은 아이디어가 접수되고.

목우유마라고
들어본 적
있으시죠?
우라늄 원자핵의
분열로 폭탄을
만들 수 있습니다!
위성 궤도에
슈퍼 레이저를 탑재한
요새를 띄우는 거죠.

여러 아이디어 중,
학익선을 실제로
제작했다는
얘기도 있고,

학 깃털의 탄력으로
포탄을 튕겨낼 수 있습니다.
이 뭔, 이과 한숨
소환 대회인가;;

두꺼운 천을 여러 겹 겹쳐 만든 방탄복인 면제 배갑은 실제로 채용,
군의 정식 장비가 된다.

실험 결과, 방탄 효과가 아주 없진 않지만;;
겨울에는 완전 따뜻한 패딩이야~
적이 여름에 쳐들어오지 않기만을 바라야겠군.

저런 개그계 아이디어들 말고,
좀더 현실적인 측면을 보자면–

이제 바다에서 쳐들어오는 적을 맞이할 때, 강화도가 최전선이 된다;;
프랑스 놈들에게는 강화도를 거의 통째로 점령당할 뻔했지;;
강화도
서울

그리하여 강화도 요소요소를 요새화하는 공사가 진행되고,
각종 화포와 병력이 배치된다.

강화도 강화!

그리고, 이번 사태를 겪으며 곰곰이 생각해보니–

음? 뭔 일 있었냐?
....

병인양요 기간에 청나라 사신이 서울에 와 있었는데,

아, 진짜 양놈들 때문에 큰일이라니까요;;
흐음~ 일단 롯데타워 가봅시다.

상황 진행에 아무 관심 없이, 병인양요 끝나기 전에 출국해버림.

.....
잘 놀다 갑니다~
SHILLA

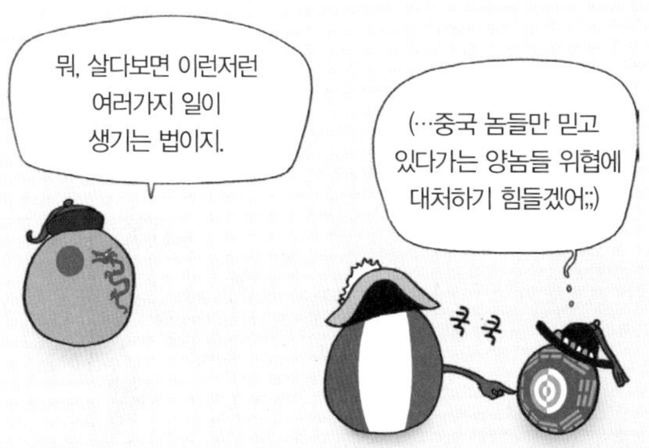
뭐, 살다보면 이런저런 여러가지 일이 생기는 법이지.
(…중국 놈들만 믿고 있다가는 양놈들 위협에 대처하기 힘들겠어;;)
쿡 쿡

뭐 이게 다, 인생의 좋은 경험이다–
생각하고 열심히 살아야지,
방법이 없습니다.

……

(청나라뿐 아니라
안보 협력할 다른 대상이
더 있으면 좋겠는데–)

양놈들 위협에
불안을 느끼는
이웃사촌이…
으어;;
크어;;

조선은 병인양요 후,
그 사태에 대한 알림문을 일본에도 발송한다.

이번에 나님이
프랑스 물리친 썰
함 읽어보시라요.
(얼핏 듣기로 쟤네 도시 하나가
양놈들 포격에 홀랑 다 탔다던데)

…(전략)… 근 200년간 군을 움직인 일이 없어서
제대로 싸움이 될까 싶었지만 어찌어찌
적을 물리치긴 했소이다(웃음).

근데 이게 제대로 크게
혼쭐내준 게 아니라
조금 걱정되네요.

너님들도 조심하시길.
양놈들 포악하다 포악해.

.....
From 조선

음;;;;

조선 놈들이 깡으로
버텨내긴 버텨냈구만;;
근데 프랑스 놈들,
어째 좀 허당 같은데…
From 조선

무슈~?
헉;;

아, 뭐 읽고 있었시마스까?
아; 그;; 다단계 스팸 메일이네요.
자, 훈련병들 사열하러 가시죠.

로즈 제독은 병인양요 직후, 일본行–
1867년 1월부터 시작된 프랑스–막부 간 군사협력 프로그램에 참여한다.

엉~ 드!
엉~ 드!
저, 근데 조선에 가셨을 적에 강화도에 간장게장 맛집이–
…그 얘긴 하지 맙시다.
스미마셍…

굽씨의 오만잡상

조선말 화륜선 엔진 등의 증기기관 도입에 가장 큰 애로사항은 그 연료였으리라는 것이 개인적인 생각입니다. 대원군 시절에 제작한 화륜선의 연료로는 숯을 사용했다고 하는데, 숯은 정말 비싼 연료지요. 나무를 나무로 구워서 만든 연료니 말입니다;; 만약 제대로 작동했다 하더라도 연료가 비싸서 결국 움직일 수 없었을 것입니다. 증기기관을 복제해 만들든, 아니면 상하이에서 사오든, 일단 석탄이 있어야 이걸 움직일 수가 있습니다. 또한 증기기관이나 강선포 같은 서양의 앞선 기물 제작을 위해 필수적인 강철 생산을 위해서도 석탄이 필요하니, 어쩌니 저쩌니 해도 결국 석탄 없이는 뭘 시작할 수가 없단 말이지요. 고려, 조선 시대에 걸쳐 유물과 기록상 석탄 사용 사례가 있고, 조선 후기에 평안도 일부 지역에서 평남남부 탄전의 석탄을 캐다가 연료로 사용하기도 했고, 석탄 이용에 대한 실학적 의견도 나오긴 합니다만, 본격적인 채굴이나 조사는 이뤄지지 않았고, 대원군 시절에 연료로 쓰이지도 못했습니다(아마 우리네 화덕에서 이용하기에는 석탄의 유독 가스가 좀 위험했기 때문이 아닐까 싶기도 합니다).

하지만 중국의 경우에는 이미 제갈량이 석탄을 연료로 사용했을 정도로 그 사용 역사가 오래되었고, 19세기에도 전국 각지에서 평범하게 연료로 사용하고 있었더랬지요. 덕분에 1870년대 중반, 탕산의 카이란 탄전을 근대식 탄광으로 개발하기 전에도 석탄 이용에 어려움은 없었다 하겠습니다. 일본의 경우에도 1700년대에 이미 몇몇 지방에서 석탄을 연료로 사용하는 등 석탄의 상업적 이용이 있었고, 에도 시대에 후쿠오카 번 등이 치쿠호 탄전을 통해 수익을 내왔다고 합니다. 그런 지방 번들의 탄전은 메이지 유신과 함께 1870년대 초반부터 근대식 탄광으로 개발되어 메이지 유신의 땔감으로 쓰여졌다지요.

우리나라에서는 1900년대 초반에 근대식 탄광이 개발되긴 합니다만, 석탄을 좀더 일찍 이용할 수 있었다면 더 재미있는 광경이 많았겠지요.

제 9 장

천국 이후 1년

1866년

조선이 양요를 겪고

일본은 2차 조슈 정벌과 쇼군 사망이라는
정치적 대지진을 겪고 있던 그 무렵.

중국에서는 태평천국 이후의
잔불 정리가 한창이었습니다.
일본 쪽 이야기로
갈 줄 알았는데,
중국 쪽으로 가는 건가.
연도별 진행도를 맞추려면
1864년 태평천국 멸망 이후의
중국 이야기를 살짝 진행해줘야지요.

1864년 7월,
태평천국은 멸망했지만,

중국 각지에서 타오르는 다른 大반란의
불길들은 아직 그 기세가 등등하다.

그중 4개의 메이저
반란이 있었으니…

국내 사정이 이 모양인고로-
조선에 프랑스가 찝쩍거리든 말든
신경 쓸 여유 없다는 거 이해 가지?

ㅇㅇ;;;
몸조리
잘하소.

우선, 태평천국이 망하자마자
복건으로 튄–
1. 시왕 이세현의 난
내몽골
직예
요령
강소
하남
섬서
안휘
사천
호북
절강
강서
호남
복건
광동
광서
운남
태평천국
GREAT AGAIN!
NEO
HEAVEN

천경 함락 3개월 후, 이세현은 태평천국 잔당을 이끌고
복건성으로 내려가 장저우를 점령, 거점화한다. (1864년 10월)

1865년 초 현재, 장저우 바로 옆의 개항장
샤먼(아모이)의 외국인들과 교역 트고
친하게 지내려고 노력하는 중이죠.
푸저우
장저우
샤먼
이게
그 네오지온–이라는 거냐?

내몽골
직예
산동
하남
안휘
호북
사천
강서
호남
귀주
광서
광동
운남
그리고 저 멀리 남쪽 끝 운남성에서는
50년대부터 계속된 회족 반란–
2. 두문수의 난
이 동네 회족은 민족이라기보다는
그냥 이슬람교 믿는 중국인들을
통칭하는 느낌이랄까요.

두문수는 원래 과거 시험을 준비하던 생원이었으나.

1856년, 은광 소유권을 놓고 벌어진 다툼에서
청군에 의한 회족 4천 명 학살 발생.
이런.
알라 뎀!
Silver

이에 두문수는
회족과 한족 유민들,
운남성의 기타 이민족들을
규합하여 봉기.
알라와 공맹의 이름으로! 백성을 괴롭히는 만주 압제자 처단하자!!

두문수는 다리를 점령,
운남성 서부를 장악했고,
다른 이슬람 지도자인 마여룡은
쿤밍을 중심으로
운남성 동부를 장악했다.
이 시기 청조는 태평천국의 발흥으로 머나먼 운남성까지 신경 쓸 여력이 없었지요;;
저 이슬람 이교도들 처리는 나한테 맡기고 얼른 죽어라!!

하지만 60년대로 접어들면서 점차
태평천국 기세도 꺾이고, 운남성에
신경 쓸 여유가 생기기 시작했지요.

사이비 종교,
도움 안 되네;;
1862년, 마여룡은 쿤밍을
청조에 바치며 귀순.

신앙의 자유만 인정된다면야
지배자는 누군들 상관없어…

**그래도 두문수는
평남국의 기치를 걸고
계속 버티며 1865년 현재,
반란을 이어가고 있습니다.**

나, 술탄 술레이만,
평남국 총통병마대원수는
명나라 복원을 운남 성민들께
약속합니다!
유교 경전으로
과거 시험 치르는
이슬람 정권이라니;;

평남국은 '한회일심'
–한족과 회교도는 한 마음이다–라는
모토로 역사상 보기 드문
유교–이슬람 체제를 꾸려갔지요.

이것이 진정한
유슬람인가.

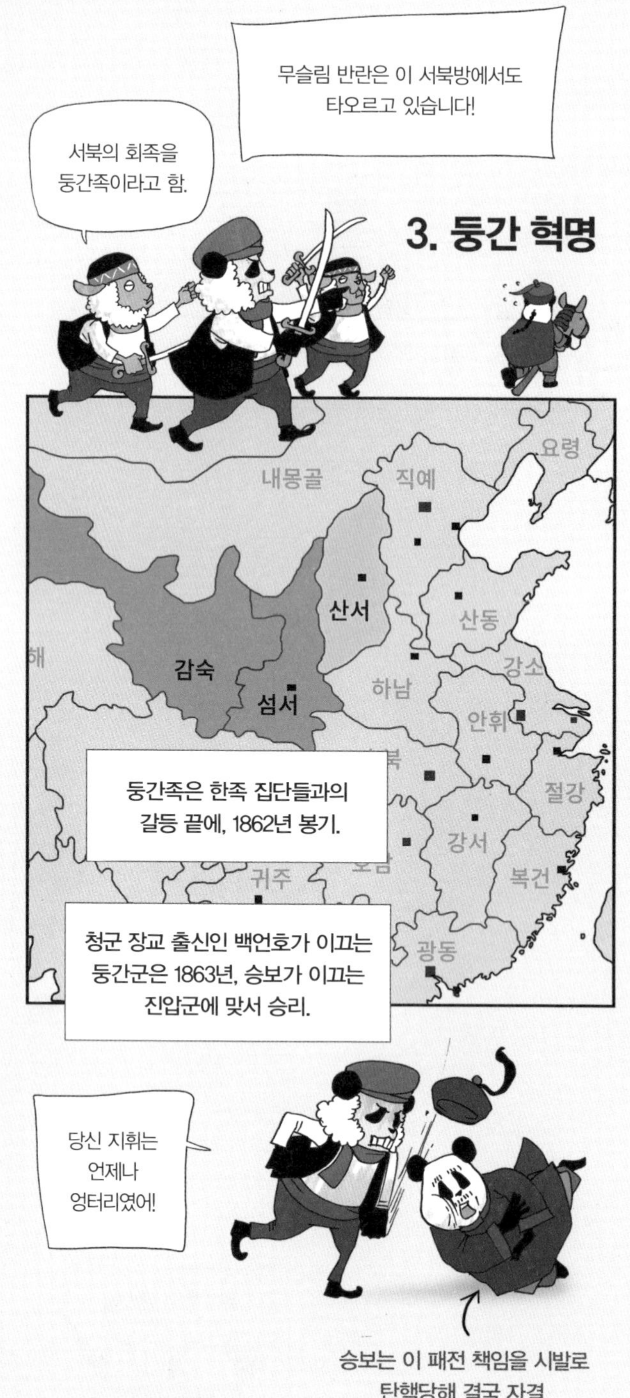
3. 둥간 혁명
무슬림 반란은 이 서북방에서도
타오르고 있습니다!
서북의 회족을
둥간족이라고 함.
내몽골
직예
요령
산서
산동
감숙
강소
하남
섬서
안휘
절강
강서
복건
귀주
광동
둥간족은 한족 집단들과의
갈등 끝에, 1862년 봉기.
청군 장교 출신인 백언호가 이끄는
둥간군은 1863년, 승보가 이끄는
진압군에 맞서 승리.
당신 지휘는
언제나
엉터리였어!
승보는 이 패전 책임을 시발로
탄핵당해 결국 자결.

하지만 1864년,
서안 점령을 노리던 둥간군은
태평천국 전선에서
막강한 화력을 몰고 올라온
다륭아 휘하 청군에 의해 패퇴.

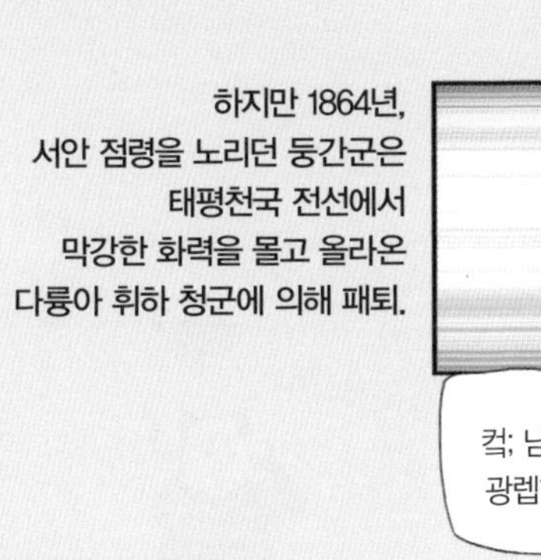

태평천국 전선에 비하면
여긴 애들 놀이터여!
컥; 남쪽 고렙존에서
광렙한 청군이구나;
ㅌㅌ;;
서쪽으로 갈수록
대지의 이슬람 파워가
짙어지지;
직예
산서
산동
청해
감숙
하남
섬서
안휘
사천
호북

이에 둥간군은
섬서성 평량으로,
다시 감숙성 린타오로
이동한다.

그리하여 1865년 현재,
둥간 반군은
감숙성에서 18대영을
이루고 웅거 中.

둥간
이룩하자!
둥가니스탄!!
몽골
위구르 봉기!
신강
둥간 혁명!
내몽골
직예
산서
산동
청해
감숙
섬서
하남
강소
안휘
티베트
사천
호북
저 둥간 놈들보다 더 서쪽,
신강의 위구르인들도
들고 일어났는데;;
진짜 저 멀리까지는 아예
눈에 들어오지도 않는다;;

이슬람 놈들보다
더 시급한
발등의 불은~

이런 염군할!!

4. 염군 반란

내몽골
직예
50년대부터 이어져온
염군 반란이 최근 태평천국
잔당들을 흡수하며
베이징 턱밑,
하남, 산동을 휩쓰는
대군세가 되었다!!
산서
산동
강소
하남
안휘
호북
사천
절강
강서
복건

염군 두목들은 대체로 태평천국과 동맹을 맺어왔고.

태평천국 왕작을 받아
명함에 왕이라고 박을 수
있었지염.ㅎ
王
이 염군 두목들은 원체
근본 없는 도적 떼 출신인지라
배신을 밥 먹듯이 함…

태평천국이 쇠락해감에 따라
염군의 기세도 꺾여나갔습니다.

1863년, 염군연합 맹주 장락행이 부하의 배신으로 체포당해 처형당했고.
으어;;
태평천국 친구들을
잘 도와줄 걸 그랬어염;;
태평천국 멸망 무렵이면 염군 주요 세력들도 패퇴하여, 대충 다 정리되는 듯 보였는데.

1864년, 태평천국 멸망을 계기로 그 잔당들을
대거 흡수한 新염군이 급부상!

나님은 태평천국의
공식 왕작을 받은
준왕이지염!!
우리 숙부님의
원수를 갚겠어염!!

준왕 뇌문광

염군 맹주 장락행의 조카
장종우

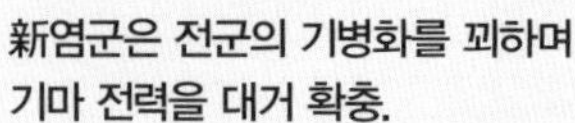
新염군은 전군의 기병화를 꾀하며
기마 전력을 대거 확충.

탁월한 기동력을 무기로
하남성 일대를 돌아다니며
약탈 잔치를 벌일 수 있었지염.

염兵;; 마적 떼가
중원 한복판을 이리
헤집고 돌아다니다니;;
증국번에게 회·상군을
이끌고 올라와
토벌토록 명하심이
크흠-! 흠!

회·상군의 나와바리는 장강이고!
황하는 우리 팔기군의 나와바리올시다!
청조 중앙군 만몽팔기가 건재한데,
어찌 남쪽 군벌을 중원으로
올라오라 하겠소이까?!
긍가~?

충친왕 승격림심

So,
승격림심이 이끄는 만몽팔기 1만 기가
하남의 염군을 토벌하기 위해 출격.

양놈들은 좀 버겁지만
한족 도적 떼 따위야~

베이징
1865년 1월, 뤄양 공략에 나설 것처럼
보이던 염군 기병대를 팔기군이 요격.
루산에서 회전이 벌어지고.
염군의 유인 매복에 걸린 팔기 선봉대가 패퇴.
크게 후퇴한다.
칭다오
허쩌
지닝
정저우
카이펑
뤄양
루산
어??
어라??!
억, 팔기 거품
이리 꺼지나염 ㅋ

크윅!!!!!!!!!!
몽골 기병대가 한족 마적 떼한테
기병 전투에서 진다는 게
실화일 리가 있냐!!!!!!
저 마적 떼 놈들 처바르지 못하면
팔기 존재 의미가 없다!!

분노한 승격림심은 염군을 추격.

그리하여 하남성에서 산동성에
이르는 대추격전이 벌어지고.

어휴, 몽골 놈이
이제 승마도 한족보다
못하면 대체 뭔 존재 가치로
살아갈 거예염?
염병 새퀴들!
잡히면 몽골식
염장고기行이다!
베이징
염군은 능수능란하게
이합-집산을 반복하며
한타 타이밍을 노린다.
칭다오
허쩌
지닝
저기서 잡지염.
장저우
카이펑
뤄양
루산

칭다오
지닝
허쩌
장저우
카이펑
뤄양
루산
으어; 엉덩이에 감각이 없어;;

3개월간 밤낮없이 달려온 추격전 끝에 산동성 허쩌에 이르렀을 때, 팔기군의 피로도는 극에 달해 있었고.

괄약근에 힘이 안 들어가요;;
다 샌다;;
어휴, 말알못 님들은 걍 걷는 게 더 빠를듯염~
크악!! 똥꼬로 피토해 죽어도 저 섀퀴들 먼저 찢고 죽는다!!

그때 염군이 마지막 유인책을 펼치고

헉;;
어서 오세염~

팔기군은 수만 병력의 염군이 미리 참호까지 파놓은 고루채의 덫 속으로 뛰어들게 된다.

1865년 5월 18일. 고루채 전투에서
팔기군은 7~9천 병력을 잃고 궤멸당한다.

패전 후, 홀로 포위망을 탈출하기 위해
보리밭을 헤매던 승격림심은–

조상님들
뵐 면목이 없다;;

그날 밤,
16세의 염군 소년병에게 피살당한다. (향년 53세)

군인으로서
공과가 있는
삶이셨군염.

고루채 전투 패전 소식에 베이징은 발칵 뒤집히고.

승왕 전사?!!
팔기군 주력 전멸?!

청조 중앙군 총사령관인 승격림심과
이하 수많은 고위급 장교들 몽땅 증발.

거의 유일하게 전력으로서 유의미한
중앙군이었던 승왕 직속 만몽팔기 궤멸.

청조는 현재 군사적으로 거의
벌거벗은 셈이나 마찬가지인 거죠.

어어; 이제는 진짜
회·상군뿐이야;;
증국번;;
증국번;; 전화번호가-
국번 없이-114-

호남성 샹샹현
증국번 자택.

난징을 수복하고 장발적을 토멸한 후,
깔끔하게 모든 관직에서 사직하고
고향에서 유유자적 은거하시는 모습은-

베이징을 향해 어떤 야심도 없음을 보여주려는 퍼포먼스가 아니셨는지요?
허허, 그럼 뭐 베이징에 올라가서 내각대학사 자리라도 내놓으라고 할 걸 그랬나ㅎ
뭐, 조정에서 몇 번 불렀어도 다 사양했었네만.

그리 조정의 부름을 사양하신 게, 승왕의 염군 토벌 지원을 회피하기 위해서가 아니었나- 하는 의심의 눈길들이 있습니다.
회·상군이 천하의 유일한 무력이 되는 데 걸림돌이 승왕의 만몽팔기였던 고로-

거, 조정에서는 뭐 그런 쓰잘데기 없는 음모론자들한테 녹을 내려 먹이고 있답니까?!
애초에 회·상군의 지원을 거절한 건 승왕 전하셨잖습니까?!
강소순무 이홍장
어; 뭐; 그게 그렇긴 그렇죠… ;;
뭐, 그런 건 중요한 얘기가 아니고.

염군을 토벌하기 위해 회·상군을 움직이려면 원활한 후방 지원이 필수이니
그 백업을 위해 이 친구 이홍장을 양강총독에 임명토록 조정에 전해주시게.
흠~ 흠~
아; 예;;

근데 이홍장씨 말고,
그 치킨 잘 튀기던 양반은
같이 안 움직이나요?

아, 좌종당 그 친구는–
나랑 좀 말다툼이 많았어 가지고
삐져서 남쪽 벼슬을 청해
저 밑으로 떠났다네.
증씨 영감탱이는
어찌나 나님 충언을
안 듣던지!!
요령
감숙
섬서
강소
사천
절강
강서
호남
복건
귀주
광동
광서
1865년, 좌종당은 절강성과 복건성을 총괄하는
민절총독으로 부임.

여기서 서양식 무기와
전술을 제대로 시험해보자!
복건성의 장발적 잔당,
한 큐에 쓸어버린다!!

민절총독 좌종당

곱씨의 오만잡상

사실 이 시기 청 본토의 머나먼 서쪽 식민지에서도 반란의 불길이 터져나왔습니다.
섬감의 둥간 혁명에 자극받은 신강의 위구르인들도 반란을 일으킨 것입니다!

18세기 중후반, 준가르인들이 멸족당한 신강에 자리잡은 위구르에 대한 청의 통치는
위구르 호족인 벡의 현지 지배를 인정, 활용하는 것이었습니다.
하지만 이슬람적 문화 배경과 전혀 다른 만주족 지배에 대한 반란이 끊이지 않고,
파미르 고원으로 도망간 반청 위구르 세력의 침공이 이어져왔습니다.
1830년대 이후로는 중앙아시아의 코칸트 칸국이 청에게서
신강 지역에 대한 특권을 얻어내 세력권을 형성하기도 하는 등, 복잡한 양상이 진행되다가···

1860년대 들어 내우외환으로 사정이 어려워진 청이
신강 지역의 세금을 올리면서 위구르인들의 불만이 쌓여갑니다.
거기에 청 본토의 회족 반란 소식과 함께, 그곳의 무슬림들이 집단 학살당했다는 뉴스가 전해지고···
신강에서도 청나라 놈들이 무슬림 집단 학살을 계획하고 있다는 소문에 1864년 6월,
쿠차 봉기를 시작으로 신강 전역에서 위구르 반란의 불길이 치솟습니다.
청나라로서는 이 시기 본토의 반란들만으로도 헉헉대던 시점이라,
이 위구르 반란에 제대로 대처할 여력이 없었지요.
결국 이 위구르 봉기 세력들이 자기들끼리 서로 싸워대기 시작했으니,
사실 좀 나중에 신경써도 될 일이겠지요.

제 1 0 장

염벌(捻伐)

1865년 5월 좌종당軍, 장저우 공략.
푸저우
으어;; 펙상포에
미니에 총에
프랑스 용병까지;;
프랑스 3종 세트?!?
장저우
샤먼

며칠 만에 여유 있게
장저우 낙성!
광동성으로
ㅌㅌ;;

이세현은 광동성의 태평천국 잔당
왕해양을 찾아갔지만,
미안해양;
컥;
8월, 왕해양에게
살해당한다.

그 왕해양도
얼마 후 뒤쫓아온
좌종당軍에게 궤멸당하고.
죽어라!
손님 살해자!
이렇게 대충 남쪽 잔당들을
쓸어버리는 데 성공한 좌종당.
현재 나님은 참으로 훌륭한 스펙들을
보유하고 있다는 것!

서양식 무기와 훈련도를 갖춘
최강 초군!

사설 프랑스 군사 고문단!
무슈 좌종드엉~!
트레비앙!
옛 상첩군 지휘관들

프로스페르 지켈, 폴 알렉상드르 데귀벨

천하 제일의 자금책,
항저우 거상 호설암!
돈도 잘 모아 오고
커미션도 잘 챙기죠ㅎ

좌종당이 비록 非과거 출신이지만 이제 능력 위주의 세상이라해~!
그리고 뭣보다 나님에 대한 조정의 신뢰와 지원!
캬, 역시 조정도 세기의 명장을 알아보는 게로군요!
아니, 근데, 뭐 사실 꼭 그런 거라기보다는—

사실 조정이 증국번 영감에 대한 견제 카드로 나님을 키워주는 느낌이 좀 있지.
견제와 균형~! 중화 5천 년의 용인술이죠!
라는 말인즉슨— 좌종당과 증국번의 길은 이미 갈라졌다는 것인가;;;
ㅇㅇ. 싸우고 결별함.

조정이 우리 용영 장병들을 공무원으로 채용해주는 데 인색한지라 형제들의 불만이 높습니다!
만주 권귀, 과거 출신 선비 꼰대들 다 쓸어버리고, 우리 New 엘리트들이 이끄는 신체제를 만듭시다!!
내가 과거 출신 선비 꼰대인데…;;
그래도 결국 중국은 과거 출신 선비가 이끌어야 제대로 굴러갈 것이야.

말인즉슨, 대업을 같은 과거 출신 선비충인 이홍장에게 다 물려주겠다는 소리?!
과거도 패스 못 한 나님은 낄 자리가 아니란 거임?!
아니, 이 양반아; 당신과 나는 한 살 차이, 같은 세대라고!
물려받는다고 하면 당연히 우리 다음 세대인 이홍장이지;;

증씨 영감탱이는 나님을 그리 무시하고 내쳤지만,
나님이 얼마나 시대의 첨단을 달리는지 보여주리다!

복건성에 중국 최초의 현대식 조선소를
건설하겠습니다!!

트레봉~!

프랑스의 기술과 인력 지원으로
1865년, 복건성 마미항에
조선소 건설 시작.

MAMI

일본 요코스카에서도
프랑스 기술진이 조선소&
군항 건설을 준비 중이죠.

정부 예산 외에,
호설암이 대규모 투자를
유치해 오고.
지켈 소령이 조선소의
감독관으로서
대외 업무 담당.
이 마미 조선소는
청·불 우호의 상징이
될 것입니다~!

하지만 조선소가 본궤도에 오르기도 전에—

으잉?
조정의
이임 명령입니다요~!
섬감 총독으로 자리를 옮기시어,
감숙과 섬서의 회족 반군과
염군을 토멸하라십니다~!

1866년 10월, 좌종당 섬서 총독으로 이임.

뭐, 사실 나님 관심 영역이
바다가 아닌 서부 내륙이긴 하지.
임칙서 대인도 바다 쪽에 있다가
이쪽으로 오셨었고…
산서
산동
강소
감숙
섬서
하남
안휘
호북
사천
절강
강서
복건
광동
근데 염군이 이 서쪽까지 범하다니
증씨 영감은 염군 토벌
제대로 하고 있긴 한 거임?

염군 토벌 흠차대신 증국번은 염군 大포위를
기본 구상으로 삼아 작전을 진행한다.

이홍장은 양강총독 서리를
맡아 보급과 지원을 담당.
저 기동력 쩌는 마적 떼를 따라가
요격하려다간 승왕 꼴 나지.
서리…
큰 포위망을 치고
조금씩 그 포위를
좁혀가는 작전으로 간다.
산서
산동
하남
강소
안휘
호북
절강
강서
호남
귀주
복건
광동
운남

하지만 포위망을 위해 각지에 분산 배치한
회군과 상군 보병 부대들은
염군에게 속속 털리고,
아니, 말없찐이 어떻게
우리랑 싸우려고 그러지염?
빽

포위망은
망했구염~

이 무슨
馬두맥스;

결국 1866년 8월, 염군은 포위망의
서쪽 라인을 돌파해 하남성 쉬창으로 진입

지닝
친양
뤄양
정저우
쉬저우
보저우
쉬창

청군의 포위망에 당하지 않으려면
일단 여기서 찢어지지염.

1866년 9월, 쉬창에서 염군은
두 갈래로 분리.

우리는 서쪽으로 가서
회족 반군과 제휴를
모색해볼게염!
장종우의 서염군은
감숙, 섬서를 향해 서진.
산서
산동
감숙
강소
하남
섬서
안휘
사천
호북
호남
광서
광동
우리는 일단 남쪽으로 가서
겨울을 나고 사천 입촉을
노려보겠어염!
뇌문광의 동염군은 남쪽行.

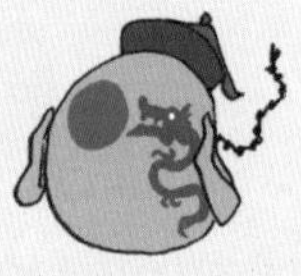
으어; 포위망 다 뚫리고,
염군 놈들이 천하사방으로
다 뛰쳐나오잖아?!!

이 사태에 조정은 증국번을 견책.

결국 1866년 12월,
증국번은 흠차대신 사퇴.
이어서 이홍장이
대임을 맡게 된다.

그리고 증국번은
이홍장이 맡았던
양강총독行

이게 원래 구상했던
그림이지.
딜·서폿
포지션 체인지
감사합니다
시푸(師父)~

이홍장은 증국번의 포위 전략을 이어받아
일단 동염군을 잡는 데
주력하지만.

아오;
안 잡히네;
잘 있어염~
난 남쪽으로 가염~

동염군은 남쪽으로 계속 내려가 호북성으로 진입
난징
허페이
샹양
쑤이저우
안루
우한
장강
여기서 겨울 나고
세력도 좀 회복하고
사천으로 가야지염.

1867년 1월,
호북성 안루 윤륭하에 머문다.

이에 호북순무 증국전이
노발대발.

아니, 무슨 중원
마적 떼가 내 구역까지
내려왔대?!!
거 빨리 앞뒤 좌우로
몰아서 쓸어버립시다!!

이에 상군 장수 포초와 회군 장수 유명전이
윤륭하의 염군을 협격하기로 계획.

포초 부대
1만 6천
동시에 한타
ㅇㅋ?
유명전 부대
1만
염군 3~4만

그런데
1867년 1월 15일 새벽,
먼저 포진해 있던
유명전을 향한
염군의 도발계에
유명전 부대가
먼저 단독 공격을
개시한다.

님 쫄보지염?

쫄보 아냐!!

쫄보는 아니고
바보네염~
빽
꾸엑

유명전 부대 박살.

전투는 염군의 유명전 부대
소탕전으로 이어지고,

죽염! 죽염! 죽염!

이에 염군도 무질서하게 대오가 흩어졌을 때,

따다다단 따~단 따단~
반지의 제왕 BGM ㄱㄱ!
염군의 측면으로
포초 부대 등장.
으어어염?!!

포초군의 정면 포격과
측면 기병 공격에
염군은 대오를
다시 갖출 새도 없이
찢겨나가고,

윤륭하 전투가 끝났을 때,
염군은 만 단위 전사자와
8천 명의 포로를 남긴다.
그리고 염군의 말
5천 필을 노획함.

하지만 청군도 초반 유명전 부대의
궤멸로 만만찮은 피해를 입었죠.

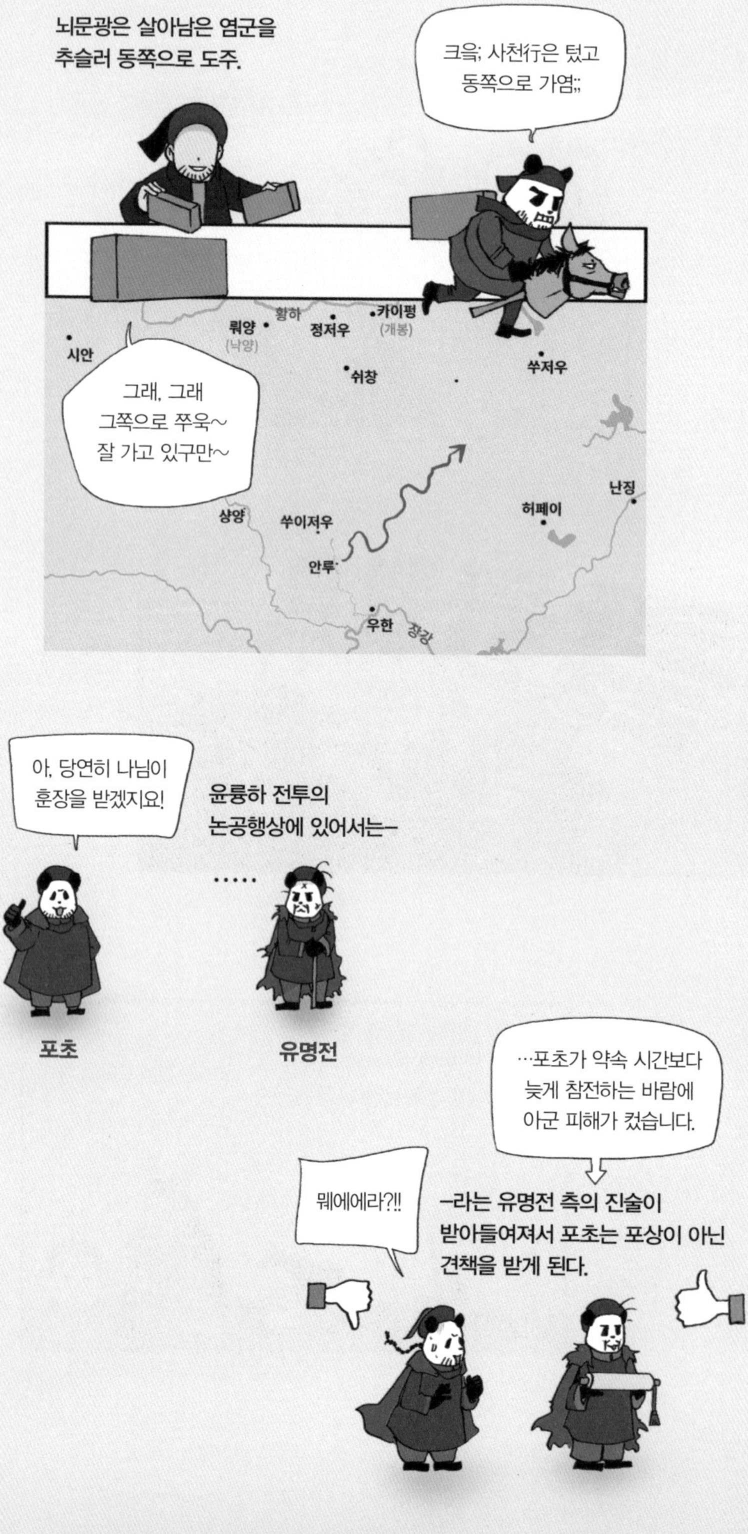

뇌문광은 살아남은 염군을
추슬러 동쪽으로 도주.
크윽; 사천行은 텄고
동쪽으로 가염;;
황하
뤄양
(낙양)
정저우
카이펑
(개봉)
시안
쉬창
쑤저우
그래, 그래
그쪽으로 쭈욱~
잘 가고 있구만~
난징
허페이
샹양
쑤이저우
안루
우한
창강

아, 당연히 나님이
훈장을 받겠지요!

윤륭하 전투의
논공행상에 있어서는–

……

포초

유명전

…포초가 약속 시간보다
늦게 참전하는 바람에
아군 피해가 컸습니다.

웨에에라?!!

–라는 유명전 측의 진술이
받아들여져서 포초는 포상이 아닌
견책을 받게 된다.

사실 이는 이홍장이 자신의 회계(회군 라인)인
유명전의 과오를 상계(상군 라인)인
포초에게 덮어씌우기 위해 획책한 것.

앞으로는 우리
회계 세상일 것이니,
큰일 할 우리 식구들이
이런 데서 흠 잡혀야
쓰겠나~
쎼쎼, 따거~

이에 빡친 포초는 사표 쓰고 낙향.

아오! 더럽다 더러워!!!
이딴 파벌 놀음 때문에
나라가 디비진다!

아니, 근데 진짜
저렇게 더러운 일이
있을 수 있습니까?!
절강순무아문
호북
절강
강서
호남
복건
광동
광서

상군의 아버지인 증국번 대인이
아직 두 눈 멀쩡한데, 상군의
공훈 장수에게 저리 더러운
수작을 걸다니요!!

이홍장의 치졸함이
저 정도일 줄이야?!

절강순무 마신이

아아, 인샬라~
그런 치졸함을 과시해야
할 때도 있지 않을까
싶은 부분이 있겠지요~

저 파벌들-상군, 초군, 회군.
사실상 작금의 청조 국방은 이들
30여 만 병력의 용영에 달려 있지요.

저 용영 윗대가리들은
높은 벼슬하고
그 장병들은 정규군화하여
나라 월급 받고 있고.

이, 회·상·초가 한 덩어리로 뭉쳐 있다면
조정의 권귀 분들께 얼마나
두려운 모양새겠습니까.

올해 연봉 협상
잘 부탁한다해~

ㄷㄷㄷㄷㄷ

높으신 분들의
불안이 모두에게
얼마나 해로운 일인지
다들 잘 알고 계실 터.
……

So, 회·상·초는 서로 분열하고 물어뜯어야만
조정을 안심시킬 수 있습니다.

내 예산
내놔라!!
그 감투는
내 꺼야!!
어휴,
귀여운 것들ㅎ
역시 첸 공이
최고야.

좌종당이 증국번과 불화한 덕분에
크게 중용될 수 있었고,

상계에 대한 이홍장의 치졸함이
조정의 불안감을 줄여줍니다.

견제와 균형 놀이
너무 즐거워~!
비료
아, 그리고
이홍장과 좌종당은
라이벌 기믹입니다.

뭐, 어느 정도는 그런 고려일 수 있다는 게
아주 가능성 없는 헛소리는 아닐 겁니다.
증대감 뱃속의 능구렁이는 꽤 유명하니-

아, 전화가-

뚜두따다 뚜다다 뚜두따다 뚜다다
뚜다두딩~ ♬ 뚜다두딩~ ♬

아, 예. 태후 마마!
강녕하시온지요!

어휴,
저야 뭐 덕분에.

그렇습니다!
상하이 털게가 제철입죠!
바로 택배 부치겠습니다!

아, 게는 이슬람에서
일부 종파 제외하면 딱히
금기 식재료 아닙니다요. ㅎ
청나라 때는 무슬림들이
이리 고위직에까지
종종 올랐답니다.

이 마신이 관련 사건은 나중에 한 꼭지 다루겠습니다.

제 1 1 장

End of 염

1867년 1월, 윤룽하 전투에서 동염군을 크게 꺾은 후,

이 마적 떼 패잔병 놈들을
한번에 잡을 포켓 안으로
순조롭게 몰아가고 있습니다.
그 와중에도 열심히
싸우며 길을 뚫는군요.
아직 살 수
있어염!!!
시안
쉬창
쑤저우
샹양
쑤이저우
안루
우한
허페이
난징
근데 그 포켓이
어디지요?

더 이상 도망갈 수 없는
바다로 둘러싸인 주머니!!
그 포켓은 바로 산동성!
웨이하이
칭다오
지닝
쉬저우
보저우
화이난
벙주
난징

산동 포켓 이용 계획은
당연히 산동 지역의
반발을 샀고.

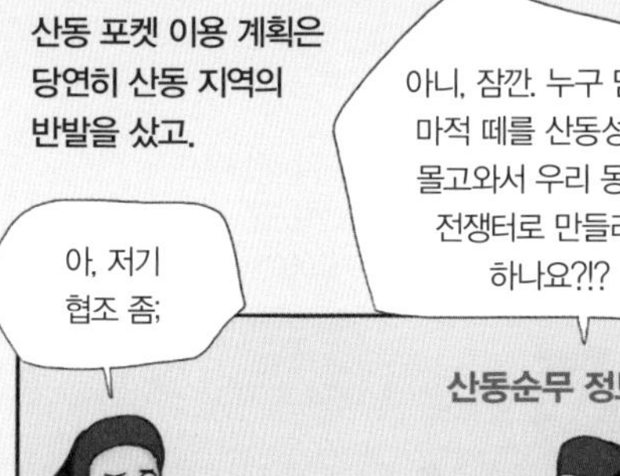
아, 저기
협조 좀;
아니, 잠깐. 누구 맘대로
마적 떼를 산동성으로
몰고와서 우리 동네를
전쟁터로 만들려고
하나요?!?
산동순무 정보정

※ 정보정은 좌종당과 더불어
청말 양대 치킨 명인으로
궁보계정 탄생 설화의 주인공이다.

궁바오지딩!
쿵파오 치킨!

조정에서도
이 계획을 놓고
갑론을박.

평온하게 살아가는
백성들에게 나라가
전란을 가져다주는 작전이
옳은 것인가?
산동 백성들의 잠깐의
고생으로 천하에 속히
평온이 온다면야….
이홍장이 무능해서
한번에 제대로 못 잡는 게
문제 아님?
고전적인
'트롤리 딜레마'군요

결국 조정은 이홍장의 작전 승인.

ㄱㄱ! 산동에서
끝내버리도록!
예압!
파이널 어택
승인!!
쳇

1867년 여름~가을에 걸쳐 회군 예하 부대들이
산동에서 포위선을 치고 동염군을 추격.
10여 차례의 전투를 벌이고.

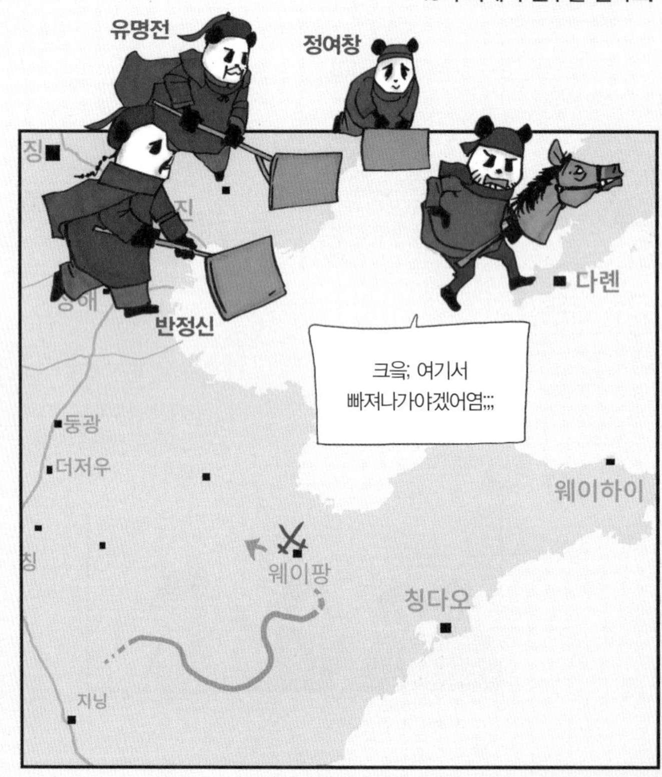
유명전
정여창
반정신
다롄
크윽; 여기서
빠져나가야겠어염;;;
둥광
더저우
웨이하이
웨이팡
칭다오
지닝

계속 도망치며 포위망을 돌파하려던 염군은 결국 10월~11월,
웨이팡-미허 전투에서 3만 명이 전사하며 궤멸된다.
ㅅㄱ염~

자결에 실패하고
도주한 뇌문광은
12월에 체포되어
처형당한다.

Free염~!!!!!!!
ㄴㄴ. 능지염.

동염군 토벌 과정은
각종 문책과 시비로
얼룩졌던 것이기에-

…온갖 음해에 시달렸습니다.
이제 직을 거둬주시고,
우리 장령들도 고향으로
돌아가 쉴 수 있도록 해주시길.

빼진 척 하는건가…

섭한 소리 말고,
계속 군을
지휘해주시오.

이홍장의 빼짐에도
조정은 이홍장을
재신임하여
그 권위를
높여줄 수밖에
없었으니-

…ㅎ

동염군이 토멸된 직후인 1868년 1월,
서염군이 베이징 근처까지 육박해온 것.

꺄아아앍?!!?
베이징
톈진
바오딩
정해
스좌좡
둥광
더저우
싱타이
가오탕
린칭
동염군 형제들을
구하기에는 늦었지만,
그 복수만큼은 확실히 하겠어염!!
친양
뤄양
정저우
쉬저우
우리는 10만 대군이염!!
(뻥)

장종우가 이끄는 이 서염군은
1866년 9월에 섬서로 향한 무리로-

산서
산동
감숙
하남
강소
섬서
안휘
사천
호북
호남
귀주
운남
광서
광동

나름 야심을 품고
섬서성으로 진입했는데

섬감의 회족 반군들과
힘을 합쳐야겠어염!
이슬람 개종도 가능염!

요령
직예
산서
산동
감숙
섬서
하남
안휘
호북

꺄악!

등신들아! 개종하면
돼지고기 못 먹는다!

발리!

섬감총독으로 부임한 좌종당이
그대로 염군을 튕겨낸다.

에라이! 서쪽에는
모래밖에 없지염!
중원으로 컴백염!!

그렇게
좌종당의 토스로
서염군이 화북으로
오게 된 것인가.

이에 흠차대신 이홍장이
화북의 전병력을 통솔하여
서염군 토벌에 나서니.

크흑 ㅠㅠ 팔기군이
한족 선비의 지휘를
받는 날이 오다니;;

그런데 동염군을 잡은 중원은 하천이 많고 땅이 질어
마적 떼를 포위해 잡기 좋은 환경이었던 데 반해,

이 화북은
넓디넓은 마른 평원.
예로부터 기마민족들의
놀이터 아니었던가.
요령
직예
산서
산동
감숙
섬서

So, 화북에서
염군을 포위해 잡는 건
중원에서보다
어려운 것;

우린 절대 포위망에
갇혀 죽지 않을 것이염!

샤샤샥

절대 머무르지 않고,
공성도 하지 않으며
오로지 약탈로 보급하며
바람처럼 빠르게 뜬다!

…섬서에서 어떻게
저놈들을 튕겨냈는지
참고해보자.

어떻게 튕겨내긴!
나님의 천재적인
전략 전술로 튕겨냈지!

몽골
직예
산동
감숙
섬서
하남
호북
안휘

섬서와 호북 사람들이 오랜 전란으로 마을마다
벽을 쌓아 약탈을 피하고자 했으니.

아, 이러면
곤란하지염;
꺼져.

공성 무기도 없고 며칠에 걸쳐 공성전을 벌일 여유도 없는
염군에게는 그런 작은 토루도 약탈 보급의 큰 장애물이 되는 것.

So, 화북의 마을들도
다 벽을 쌓도록 한다!
이 무슨
새마을 운동인가;
중국이니까
대약진
운동이겠지…

아니, 근데 이런 조잡한
마을 토채가 저 무시무시한
염군의 공격을 어떻게
버텨낸단 말이오이까?!
밥 줘염!

2~3일만 버티면
관군이 도우러 올 것이고.

포위망에 놓임을 두려워하는
염군은 작은 마을에 2~3일이나
묶이는 상황은 알아서 피할 것.

서부극
기병대처럼
등장!!
빠이염~

이것이 화북에서의 기본 전략!
견벽청야!

벽을 견고히 세우고
들에서 곡식을
다 치운다!
자, 이래도 화북이
마적 떼 놀이터일까?!
더러워서
그냥 가염.
퉷.

봄을 맞아 염군은 요소요소에 배치된 회군 근거지들에
튕겨나가며, 보급 물자를 찾아 남하하기 시작.

산동성~
짜장미엔~
주세염~

베이징
텐진
바오딩
둥광
더저우
가오탕
린칭
칭다오

5~6월에 걸쳐 관군에
계속 두들겨 맞으면서
산동성 가오탕에 이른
염군은 이미 그 세가
크게 줄어 있었다.

줘팸 줘팸

이대로는 죽겠어염;;
관절염, 구내염, 건초염;

가오탕에서 운하를 건너
다시 중원으로 나갈게염.
6월 말, 서염군은
운하 도하를 시도하지만.

운하 맞은편에 이미 관군의 방어선이 펼쳐져 있었고.

TATATATATA
헉; 무리염;

그리하여 염군은 물길을 끼고 포위당했으니.

다구리
자제염;
일단 그 등신같은
말투 컨셉부터
고쳐줄게.

1868년 6월 28일,
염군 잔당은 가오탕 일대에서 섬멸당한다.

가오 있는
탕인가염?

장종우는
강물에 몸을 던져 자결.

염군의 염원!
염라대왕이
이뤄줘염!
염병…

이로써
염군 토벌 완수!!

완스이!!

구국의 영웅
이홍장!!

19세기
제갈공명!!

만세!!!

오장경
정여창
유명전
반정신

청조의 승리!

염군의 난은 회군의
승리로 끝났습니다!

오늘 저녁은 저염식이다!!

황상께서 대업의 공을 치하하실 것이니,
대인께서는 자금성으로 입궐하십시오~
올ㅋ~

1868년 8월. 이홍장, 황제 배알을 위해 자금성 입궐.

허허헐, 나님도 확실하게 베이징 다이아 티어 인싸 셀럽行이구나~
띤띤따~
띠로로리~
띤띤따~
띠로로리~

아, 선생님!
원, 축하하네. 큰 공을 세우고 황상 알현이라니~!
ㅎㅎ, 뭐 다 선생님께서 이끌어주신 덕분이지요.
이끌어주긴 뭘, 전쟁은 자네가 나보다 훨씬 낫구만.
제가 사실 군재가 좀 있긴 있죠. ㅎ
ㅎㅎ. ㅇㅈ.

하지만 자네가 이제 마주하게 될 자금성이라는 게임은 그런 군재로 풀기 힘든 게임이지.
!

그래, 아예 그 게임에 참여하지
않는 게 가장 좋은 방책이야.

외조의 일을 잠시 맡은 선비가
납작 엎드려 있는 자세를 견지한다면,
궁정 게임에 잡아먹히는 일은 피할 수 있을 것.

명심하게. 자금성에서는 언제나 한쪽 발은
비상구 문턱에 올려놓고 있어야 한다는 걸.

선무공신 일등백 이홍장에게
호광총독 직을 제수한다~
자금성이라고 해봤자
결국 세상물정 모르는
로얄들과 만주 권귀들의
갈라파고스 아닌가.

성은이~
망극하옵니다~
축하드립니다
이대인~

앞으로 큰일 많이
하셔야 할 텐데~
친하게 지냅시다요~♪
음?

총관태감 **안덕해**(31세)

아, 저놈이 요즘
위세 등등하다는
그 내시 두목인가.
안떡케~
안떡케~

홍장은
고개를 들라~
로얄들은 요즘
어떤 분위기시려나~

암투우우웃
로얄패밀리는
암투의 기운에 휩싸여 있다!

출구에 한쪽 발;;;
출구에 한쪽 발;;
근데 출구가 어디죠,
선생님?

제 1 2 장

Kill the Eunuch

1861년 신유정변 이래
동·서 양태후의 수렴청정과
공친왕을 의정왕으로 하는
트로이카 체제가 이어져왔다.

서태후
동치제
동태후
공친왕

뭐, 아무래도 구중궁궐의
태후 마마들보다는
나님이 좀더 일을
많이 맡게 되는지라~

결국 공친왕이 실질적인 제국 재상
역할을 맡아 1860년대 전반,
나라를 이끌어갔습니다.

1864년,
태평천국의 난도
종결짓고,

총리각국사무아문
대신을 맡아
서양 각국과의
교섭 전반을 주관했고

중국 높으신 분들 중에는
그나마 'Prince 공'이
말이 통하는 양반이야.

충직한 영국인 로버트 하트를
총세무사(관세청장)로
기용해 세관을 정비하고 막대한
수익을 거둘 수 있었습니다.

이 관세 시스템은 처음 시작부터
탐관오리 거머리가 붙지 못하는
체계로 만들어 놔야죠.
元
元
관세 수익으로
국고를 두 배로 늘려
이후의 근대화 정책에
큰 도움이 되죠.

1862년에는 베이징에
서양 학문을 가르치는
'경사동문관' 설립.

초기에는 영어, 불어를
가르치는 어학원이었죠.
이후, 러시아어, 독일어,
일본어 등으로 점차
강의가 늘어나고.

초대 총교습 존 쇼 버든

천문학, 수학, 화학, 물리학,
공학, 서양학, 국제법 등의
학과가 개설됩니다.
본격
영불독
세계사
이 경사동문관이 훗날
경사대학당으로 통합되고
그 이름이 베이징 대학으로 바뀌어
21세기까지 이르게 되는 거죠.

이 경사동문관에 서양 교수들을 널리 모으고, 여기서 배출한 인재들을 나라의 일꾼으로 쓴다면 어찌 20년 안에 서양의 부강을 따라잡지 못할 것인가.
교수들에게 벼슬 주고, 졸업생들도 관직 특채하는 쪽으로 체계를-

켁;
불가하옵니다!!!

조정 꼰대들의 반발이 장난 아님.

서양의 얄팍한 기예로 천조의 감투를 나누는 망극함을 어찌 두고볼 수 있겠습니까?!

공부상서 오제격리 왜인(烏齐格里 倭仁)

주희 이래의 정통을 잇는 정주 성리학 최후의 대종사라 일컬어진 대유학자죠.
왜인은 이름은 倭仁이지만 몽골 사람입니다.
청말 몽골인들이란 대체 무엇인가···

옳게 된 나라가
과거 시험을 통해 관리를 뽑는 건
단지 학식만을 취하기 위함이
아니옵니다!!
어; 예;;

고전을 통해 인문학 소양을 쌓아
군자의 길을 걷고자 하는 선비를
가려내어 나랏일을 맡기는 것이
유교 국가의 근본이지요!!

儒

4서3경

그리 심성을 갖춘 선비에게 나눠줄
벼슬도 부족한데 어찌 서양의 삿된 재주에 내릴
벼슬이 있겠습니까?!

게다가 얄팍한 서양 thing이
관직의 길이 된다면 사람들은
그 사도에 현혹되어 그리 몰리고,

장차 천하가 유학의 가르침을
가벼이 여기게 될 것입니다!

이 Big 유교 빌런들은 스스로를 '청류파'라 칭했지만
역사는 이들을 '완고파'라 기록한다.

태후들도 완고파의
손을 들어주는지라,
공친왕의 서양 학습 정책에
살짝 제동이 걸린다.

영감님네 말에 일리가 있네요.
ㅇㅇ…
아오; 형수님들은 또 왜;;

이는 서태후에게
내심 공친왕을 경계하는
바가 있었음이니.

동서고금에 군주의 숙부가 저리 권력을 쥐고 흔들어서 좋은 꼴 난 일이 없잖아요?
동치중흥은 나님이 캐리한다!
ㅇㅇ; 아우님이 역사에 밝구먼.

하여, 조정 요소요소에
서태후의 부추김이 전달되고.

태후 마마께서 대감을 눈여겨보십니다요~
옳커~?!

서태후는 완고파의 리더인 왜인을
황제의 글공부 스승인
문연각대학사로 임명.

원래 당대 최고 유학자가 맡는
자리니까 적절한 인사죠?
……
흐흐
쎄쎄~

1863년, 군부의 2탑이었던 나님이
자결 명령을 받게 된 것도 자금성의
파워 게임과 무관치 않겠죠 ㅠㅠ
……
승보

…이리 대충~
조정에 안티 공친왕 플로우를
굳혀놓았으니, 슬슬 서열 정리를
확실하게 해도 될 것 같은데…
예~ 마마~
세팅 다
해놨습죠~

1865년,
어사 채수기가 공친왕을 탄핵.

공친왕의 오만과 결례!
독단적 국정 운영!
對서양 굴욕 외교!
탄핵합니다!

제기된 혐의에 대한 명확한 근거는 없지만,
그리 평판을 잃은 데에
책임을 지지 않을 수 없으니…
책임을 통감하고 의정왕 사퇴합니다…

그렇게 섭정 체제에서
공친왕의 의정왕 직이 폐지된다.

의정왕 직은 없앴지만, 도련님은 수석군기대신으로서 조정을 이끄는 총리 역할을 계속 맡아주세요~

이건 그냥 서열을 확실하게 하는 것뿐이니까 너무 섭하게 생각 마시고요~

늬예~
늬예~

뭐, 어차피 나님과 인연 없는 권세였음은 잘 알고 있습니다.

그래도 빈정 상한 건 작게라도 갚아줘야 속이 풀리겠네요.

서태후의 약점이라고 하면…

저 요물 내시 놈이 요즘
꽤나 위세를 부리고 다닌다지…

안 태감,
모쪼록 태후 마마께
말씀 잘 좀
부탁드리외다~

ㅇㅋ ㅇㅋ~

태감 안덕해

서태후의 심복을 타깃 삼으려면
황상의 호응이 필요한데…
황상 형아!
오늘 가챠 확률 부스터
모든 퀘에 다 뿌린대요!!
ㅇㅋ!
다 조지자!
애신각라 재징(9세)
동치제(11세)

공친왕의 장남 재징이
동치제의 놀이 동무로
궐을 들락거리고
있었으니-.

태후 마마~
황상께서
게임을…
제 계정에도 좀
질러주심ㅎㅎ?
내탕금 좀
풀어볼까나~!

황상!!
이딴 사기 게임
중독으로 천하를
말아먹을 작정이요?
으어;
어마마마;;

공부를 피해
놀이에 열중하는 동치제를
서태후는 크게 질책하곤 했다고.

서버는 불태우고
게임사 대표는
귀양 보내도록!!
아오. 저 비열한 내시 놈이
닉값하려고 저리
'고자'질에 열심인가#!
새 걸로 사줄 테니
기분 푸시오. 황상.

엄격한 생모 서태후에 비해
동태후는 동치제에게
매우 둥기둥기 해줬다고

특히 안덕해가
유명 경극 배우들을
섭외해 궐 안으로 들여
서태후의 유흥 상무
노릇을 하는 데
동치제는 더욱 분노.

나님은 공부방에 처박아놓고
엄마는 안덕해가 데려온
연예인들이랑 놀아나다니?!#!

So, 황상께서는 성년이 되는 날 생일상에 안덕해의 목을 손수 올리겠노라고 이를 갈고 계시죠.

ㅎ, 그리 수고끼쳐 드리지 않도록 조치를 해야겠구나~

& 동태후 마마의 의향도 잘 살펴봐야겠는데…

총관태감이 오늘 자금성 다 엎어버린다!

아이고, 나으리;;

……

안덕해가
동궐의 궁인들을
함부로 대하는 데
동태후께서도
심기 불편해 하신답니다.

So, 동태후의
익스큐즈도 득하고.

… 저 내시 놈의 오만방자함을 어찌 두고보겠습니까.
…두고볼수야 없지만서두… 어쩌시려고;;;
마마께옵서는 그저 자리만 지켜주시면 되옵니다.

안덕해가 이번에 서태후를 위해 귀한 옷감을
구하러 남쪽으로 간다지 말입니다.
수금하러 갑시다~♬

1869년 여름, 운하를 타고 남쪽으로 향하는
안덕해의 행차는 마치 황제의 순행을
연상시키는 화려한 것이었다고 한다.
위세 쩌는 내시는 명나라 때 이야기인 줄 알았는데;;
그만큼 만주족이 확실하게 한화되었다는 방증이 아닐까요?

안덕해가 산동성에 이르렀을 때,
Yo~ 산동순무아문이 치킨 맛집이라던데 쿵파오 치킨 한 접시 내와보시죠~!
아, 예, 전하. …그리 법대로 처리합죠…

산동순무 정보정

네 이놈!!
환관이 황명 없이 베이징을
벗어나면 바로 처형임을
모르느냐?!!
헉, 내가
누군 줄 모르쇼?!
내가 서태후 마마
비서실장이오!!
어, 너
꼬추 없다고?
알아.
산동성 당국에 의해
안덕해 체포. 구금.
으어; 태후 마마;
살려주세요~;;

안덕해 체포 소식은
곧 자금성에 도달.
환관 안덕해가 황명 없이 베이징을 벗어나
호화 유람선을 타고 산동성까지 내려간 것을
산동순무가 체포하여,
그 처결을 여쭙고 있습니다.

(어;; 음;; 그 황명이;;
있었죠?;; 황상?)

음? 난 그런 거
허락한 적 없는데?
(야!!;;)

법도에 따라 안덕해를
처형하시옵소서~
크읏;;

호가호위 오명 쩌는 환관의 구명을 청하는
목소리는 하나도 없었고.

……
…산동순무가 법대로
처리하도록 하라.

1869년 9월, 산동에서 안덕해 처형.

꼬추 자르는 것보다는 덜 아플 것이오~!

그래도 왕조마다 하나씩 있는 네임드 환관 명예의 전당에는 오르겠네.

스캉

@$%@$%#@$%!
(이걸로 1:1 쌤쌤 이로군요~)
(엄마, 미안~)

이 사태로 서태후의 인맥 관리에 구멍이 뚫리고 위신도 많이 깎여 당분간 권세가 한풀 꺾인 셈.

……
엄마 통수 치는 아들내미, 더는 못 믿겠다.
다른 대게, 다른 보험을 모색해봐야…
뚜루루루루루
뚜루루루루

아, 네,
언니~!
순친왕부 저택

…뭐, 생겨야
생기는 거죠.
…예. 쉬세요.

예허나라 완전(28세)
서태후 동생. 순친왕 아내.

서태후?
뭐라시나?
아, 애 언제 또
낳을 거냐고
물어보네;;
우리 첫애 죽은 건
신경도 안 썼으면서;;

순친왕 혁현(29세)
공친왕 동생.

아니, 왜 갑자기
남의 가족계획에
그리 관심을…;;

제 1 3 장

양무운동 Begins

존 만지로가 미국 포경선
작살잡이를 그만두고
일본 귀국길에 오른 1851년,

일본인의 미국 체험은
고래잡이로 시작했지요!

미국 예일대학에서는
최초의 중국인 유학생이
학업에 몰두하고 있었습니다.

중국인의 미국 체험은
아이비리그로 시작합니다.

용굉(23세)

용굉은 광동성 태생으로,
마카오의 미션스쿨을 다니다가
16세에 브라운 목사를 따라 미국行.
예일대학에 입학합니다.

나중에 자네가 목사가 되어
중국 선교에 나서는 걸 조건으로
유학 지원 해주는 거야.
아, 늬예 늬예~
(뭐, 사람 앞일
모를 일이죠.)

1854년, 용굉은 문학학사 학위로 예일대 졸업.

이제 귀국해서
엘리트가 돼야지!

LUX ET VERITAS

귀국한 용굉은 미국 공사관, 상하이 세관
통번역 일 등을 하게 됩니다.

어; 이건 예일대 출신 엘리트에게 어울리는 자리가 아닌 것 같은데요;
중국인은 예일대를 씹어먹고 와도 서양인보다 윗자리로 승진 불가.

양놈들 인종차별
더러운 것! 중국을
부강하게 만들 테다!

이에 용굉은 통번역 일을
때려치우고 사업에 나섭니다.

元

차 무역에 뛰어들어
어느 정도 사업적
성공을 거둔 용굉은
강남의 여러 양덕들과
폭넓게 교류하며
이름을 알립니다.

청년들을 아이비리그에
보내야만 새 시대를
준비할 수 있습니다!
하버드는
거르고.
오오!
양덕 킹!

(태평천국에도 서구화 개혁안을 투고)

이에 1863년, 한창 태평천국 전쟁을
치르고 있던 증국번이 용굉을 안칭으로 부릅니다.

헤이, 예일 보이~!
컴온~!
태평천국에 서구화 개혁안
투고한 게 걸린 건가?!;;
아이비리그
완전정복!

우리 軍이 서양의 증기선, 총포를 모방해
이것저것 제작해보고 있는데…

삘짓하지 말고
그냥 사서 쓰세요ㅋ

이게 처음부터 끝까지
하나하나 다 만들려니

펑

노력과 돈만 많이 들고 결과물은 시원찮아서 이를 어째야 할지 모르겠네.
어휴, 맨땅에 헤딩하는 그런 식으로는 힘들죠;

일단 서양에서 기계 만드는 기계—
공작기계를 수입해야만 제대로
기계 제작을 시작할 수 있습니다.

이를 바탕으로 대형 공장을 세우면,
민간에서 돈 냄새 맡고
하청 공장을
알아서들 세울 거고요.

그럼, 자네가 미국 가서
그 공작기계들을
좀 사와주게!
예~Sir~!
元

1864년, 용굉은
은 6만 8천냥(9만 5천 달러.
현재 가치 약 20억 원?)을
들고 미국으로 건너갑니다.

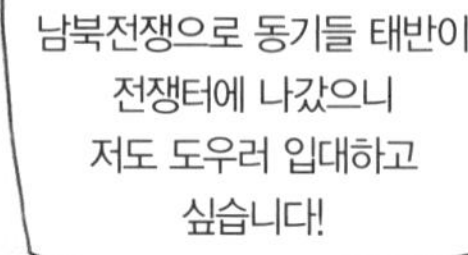
남북전쟁으로 동기들 태반이
전쟁터에 나갔으니
저도 도우러 입대하고
싶습니다!

10년 만에 들른 모교 예일대에서는
용굉을 성대하게 환영.

오버하지 말고, 소개해준
거래처에서 기계 구매나
잘 하도록 하게.

1865년, 용굉은 공작기계 100여 대를
구매해 이를 지도할 미국 기술자와
함께 상하이로 보냅니다.

태평천국 난리는
작년에 끝났으니
안심하세요.

그리하여 이 기계들을 바탕으로 1865년 5월,
상하이에서 강남제조국 창립!

강소순무인
나님 관할이지요~
자, 증기선, 대포,
팍팍 찍어내보더라고!

용굉은
그 공헌을 인정받아
5품 벼슬을 받습니다.

그리고 공친왕 전하까지
자문하시게 되지요.
우리 애들
아이비리그에 어떻게 좀~

이처럼 1860년대 중반,
궁정 암투와 꼰대들의 태클과
연이은 반란 속에서도
양무운동은 꾸역꾸역 전진을
시작한 것입니다.

끼에에에에에에에
양무 Must go on!

洋務

양무란 서양에 관련된 전반적인 모든 것—
외교, 통상, 학문, 공업 등등을 통틀어 일컫는 말이죠.
'서양 업무'를 줄여서 '양무'

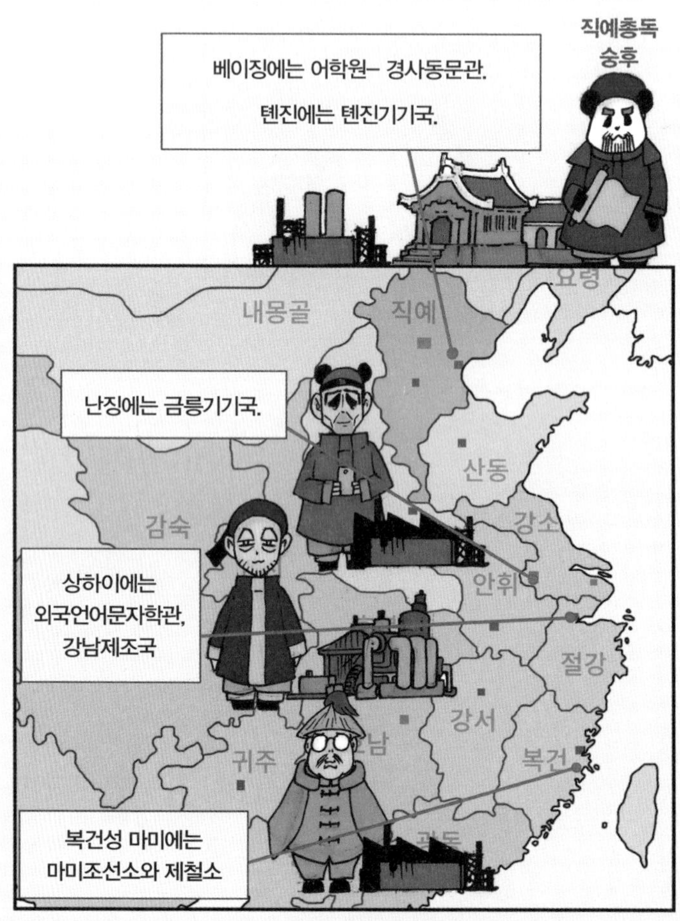
직예총독
숭후
베이징에는 어학원— 경사동문관.
톈진에는 톈진기기국.
요령
내몽골
직예
난징에는 금릉기기국.
산동
감숙
강소
안휘
상하이에는
외국언어문자학관,
강남제조국
절강
강서
귀주
복건
복건성 마미에는
마미조선소와 제철소

이 양무를 총괄하며
개항장들을 관리하고
서양 각국을 상대하는
통상대신들이 있습니다.
서양 외교관들이
가장 자주 보게 될
중국 고위급 관료.

北洋大臣
베이징에 인접한 직예의
개항장들을 총괄하는
통상대신은
북양대신이라 불리며
직예총독이 겸직.
북양대신은
베이징 인접
관할인지라
정치적 업무가
많지요.
산서
산동
감숙
섬서
하남
사천
호북
강서
복건
남양대신 구역은
경제적 요충지들이라
돈이 많이 들락거리죠.
南洋大臣
상하이, 아모이 등의
남쪽 개항장들을 총괄하는
통상대신은 남양대신이라 불리며
양광총독이 겸직.

그리고
서양과의 모든 외교,
양무의 총사령탑은
공친왕의 총리아문!

總理各國事務衙門

공친왕을 필두로
조정의 군기대신들,
각부 상서가
멤버로 참여.

1차 아편전쟁 때부터
열심히 서양을 팠지요.

당대 가장 고명한
old 양덕도
총리아문에 기용된다.

서계여(1795~1873)
총리아문 행주 겸 경사동문관 사무총관.

1840년대, 광동 지역에서 서양인들이
중국어로 간행한 책자, 잡지 등을 통해
서계여는 서양에 눈을 뜨게 되었고
으어! 아편전쟁
발길만 했구만!!
월간 구라파

그렇게 보고 듣고 서양인들을 인터뷰하여
세계 각국의 지리, 역사, 정치에 대해
개괄한 역작 '영환지략'을
편찬하였습니다!!
영환지략
This is the WORLD!
1848년 《영환지략》 출간.
《해국도지》와 함께
서양 입문 필독서가
되었지요.

조선에도 오경석이 들여와
인기리에 돌려 읽음.

서계여가 《영환지략》에서
가장 빨아준 나라는 미국.

미국은 인류 역사상
가장 훌륭한 정치와
상공업 체제를 갖춘
초선진국이고!

조지 워싱턴은 서양 역사상 가장
위대한 명장이자 근대의
요순이라 할 성군이시니!

서계여의 이런
워싱턴 찬양 문구는
중국에 와 있던
미국인들에게 알려지고.

중국 선비가 워싱턴을
이렇게나 빨아주다니!

워싱턴을
빨아주는 건
워싱 워싱턴인가

마침 미국에서 조지 워싱턴
기념탑 건립을 시작.

우리 국부님 기념탑에 박을
세계 각국의 축전 모집합니다~

이에 중국의 미국인들은
최상급 화강암을 구입,
《영환지략》의 워싱턴 찬양 문구를
한문 그대로 옮겨 새기고.

미국 태조
송덕비인가….

1853년, 그 석판을
미국으로 배송.

DHL

워싱턴에 도착한 석판은 건설 중인 기념탑에 박혀–

21세기 오늘날까지
워싱턴 기념탑의
그 자리를 지키고 있다.

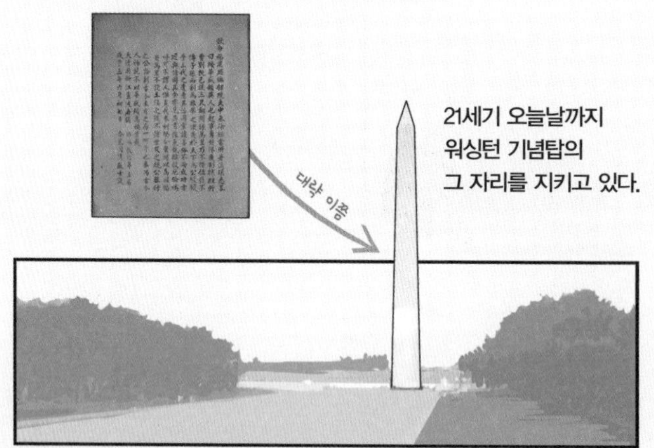
대략 이쯤

PS. 워싱턴 찬양문을 잘 써준 답례로
1867년, 미국 공사관은 서계여에게
워싱턴 초상화를 선물합니다.

레어 굿즈
득템!

뭐, 이리 대충 서양 공부를 해보니,
쟤들이랑 대등하게 놀려면
'국제법' 룰을 익혀야겠더라고요.
이제 말이 좀
통하겠구먼.

1863년, 총리아문은
헨리 휘턴의 《국제법 원리》를
'만국공법'이라는 제목으로 번역, 출간.
수백 부를 지방 관청에 배포.

자, 이 책 다 읽고
독후감 써내도록!
중화 천하 질서에 비하면
허점 투성이 미약한 체계로군요.

그리고 이렇게
《만국공법》을 읽은 덕분에-

1864년 2차 슐레스비히 전쟁 중,
프로이센 군함이 다구항에서 덴마크
상선들을 나포한 사건이 벌어졌을 때,

음?
이 배는 이제
제 겁니다.

프로이센 측에 벌금을
매길 수 있었습니다.
야! 야야야!
이거 《만국공법》 보니까
남의 나라 영해에서
맘대로 전쟁 행위 하면
안 된다고 하더만!!
ㅇㅇ.
맞말.
헐;

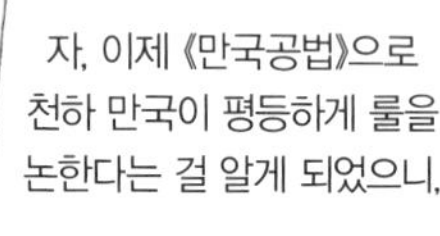
자, 이제 《만국공법》으로
천하 만국이 평등하게 룰을
논한다는 걸 알게 되었으니,
이 불평등 조약을
좀 개정해봅시다!

北京條約

그럴라면 누가 직접
서양에 가서 그쪽 정부랑
얘기를 해야지.
뭐, 1866년에 최초의
서양 탐사 유람단이
가보긴 했습니다만…

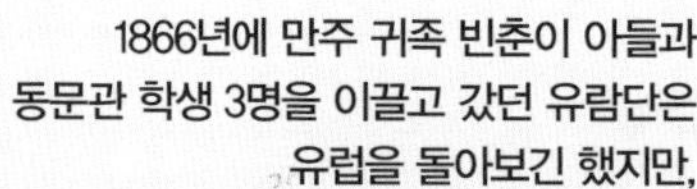
1866년에 만주 귀족 빈춘이 아들과
동문관 학생 3명을 이끌고 갔던 유람단은
유럽을 돌아보긴 했지만,

햄버그 맛있어!
기차 짱이야!!
양놈들 열라 부자야!

말 그대로
주마간산,
실속 없는
관광 여행이었을
뿐이고.

1868년, 조정은 중국에 우호적인 前미국 공사
벌링게임에게 조약 개정 담판 사절단의 단장을 맡긴다.

솔직히 그런 외교 교섭
가능한 외교관은 중국에 없으니,
공사님밖에 부탁할 사람이 없네요;
아, 옙.
영광입니다.

앤슨 벌링게임

1868년 2월 벌링게임 사절단 상하이 출발.

흠차판리중외교섭사무대신 벌링게임

영국인 통역사, 프랑스인 세무사.　　　교섭대신 지강, 손가곡

먼저 미국에 들른 벌링게임은
미국 측과 중국인의
미국 이민 문호 확대를 위한
벌링게임 조약 체결.

중국인들이
먹는 건 조금 먹으면서
일은 많이 하죠.
(노예 해방으로
노예가 아쉬운 판에)
잘 됐네요.

국무장관 수어드

역사에 긴 원한을 남기지 않으려면 좀 신사적으로 대우해주셔야…

1868년 12월, 영국에서 불평등 조약 개정 논의, 긍정적 고려 도출.

외무장관 클라렌든

뭐, 일단 영국은 앞으로 중국에 비우호적 무력 수단은 사용하지 않을 겁니다. (클라렌든 선언)

벌링게임은 임무를 다 끝내지 못하고 1869년 2월, 러시아에서 사망하지만–

객사는 외교관의 숙명.

그래도, 불평등 조약 개정의 희망이 보인다~!

베이징에서 영국 공사 올콕과 총리아문 No. 2인 이부상서 문상이 협상을 이어나가 조약 개정 합의안에 도달.

글래드스턴 총리께서도 착한 외교를 지향하고 계시지요. 불평등 요소들은 중국 쪽 법제가 정비되는 대로 개정될 겁니다.
(주일 공사 해임 후 주중 공사로 왔다)
이에 속히 주영 공사를 파견토록 하겠습니다.

BUT 이 합의안은 1870년,
영국 의회에서 부결된다.

미안;;
표결 졌다;;

중국을 대등하게 대한다니!
인정할 수 없다!!

좌악

으헉;

아오; 더러운 영국 놈들!!
만국공법으로 만국 평등
어쩌고는 다 헛소리야!
깡패들이 주름잡는
천하일 뿐인가!!

결국 조약 개정 노력은
물거품이 되고
총리아문의
위신이 크게 깎인다.

불평등이 서러우십니까?!
그렇다면 서러운 이들끼리
평등하게 대해주는 것이
당연하지 않습니까?!
음?

맺읍시다!!
평등 조약!!

양복 입은…
… 일본인?

해 뜨는 나라 천자께서
해 지는 나라 천자께
안부 전하옵니다~

일본에서는 그 사이 대체 무슨 일이?!
8권에서 밝혀집니다!!

제 1 4 장

Meanwhile 유럽에서는

1865년 10월, 파머스턴의 사망으로
러셀 백작이 총리 직을 이어받고.
러셀 백작(73세)
자, 이제 영감탱이 갔으니
선거법 개혁 같은 것들 좀
추진해봅시다.

국내 정치도 밀린 과제가 많지만.
그간 미국 불구경이 너무 꿀잼이라
유럽의 불씨에 주의를
소홀히 한 감이 있지.
AMERICA
EUROPE

1866년 들어서 프로이센과 오스트리아가
지난 슐레스비히 전쟁 때 덴마크에서
뜯어낸 슐레스비히, 홀슈타인을 놓고
한판 붙으려 하고 있다.

올ㅋ, 서로
죽여라.

먹네, 마네,
투닥투닥.

아니, 단순히 작은 땅 문제 때문에
오스트리아와 붙으려는 게 아니다!

민족주의의 시대!
독일 민족의 통일 염원이
기세를 탄 것이다!

민족 통일!
자주 자강!

왜 굳이
통일을;;

비스마르크

프로이센 놈들이
다른 지역 독일인들까지
징병하고 싶은갑제.

천하를 호령할 독일 민족 통일 국가는
가장 강력한 프로이센이 주도하여
독일의 여러 군소국들을 통합(흡수)해
만들어야 하는 것입니다!

이 통일 국가 건설의 가장 큰 걸림돌은
바로 오스트리아가 왕초로 있는 '독일연방'!
(신성로마제국 버전 업)

거, 나치 같은 소리 하지 마시고,
독일 연방 회비나 빨리 내쇼.

크윽;;

38개에 달하는 미니 국가들이
각각 독립적 주권을 행사하며
'독일연방'이라는 느슨한
국가 연합체로 만족하며 살고 있었다.

크악! 이런 친목 동아리로는
독일 민족의 위대함을
천하에 떨칠 수 없다!!
근대 통일 국가로 ㄱㄱ!!
말만 그럴싸한 통일이지!
각기 잘 살고 있는 형제들을
네놈이 다 잡아먹으려는
속셈이잖아?!
님은 제 형제가 아닙니다.
오스트리아 제국은 독일인
아닌 국민이 더 많잖아?!,
So, 독일 문제에서 꺼져라!!
그렇다, 이것이
프로이센의 小독일주의와
오스트리아의 大독일주의의
대립이다.

결국 이를 전쟁으로 해결하기 위해
프로이센은 일단 주변 외교 공작을 다지고,

러시아는 크림전쟁 때
오스트리아의 얌체
중재로 삐진 상태.
프랑스님, 가만히
있으면 나중에 자르,
룩셈부르크를
줄지도?
올ㅋ!
으어;;
이탈리아와는 동맹 ㄱㄱ!
베네치아 먹으셔야지!
ㅇㅋㅋ!

그래도 1866년 6월, 전쟁 개전 시점에 독일연방의 메이저급 회원국들은 거의 다 오스트리아 편에 붙었다.

너네 줄 잘못 선 거 알지?
아니, 회원국들을 다 한 나라로 집어삼키겠다는 미친놈을 누가 편들어주겠냐;

But, 전쟁이 시작되자마자 오스트리아 편 군소 회원국 병력은 순식간에 다 쓸려나갔으니.

걸리는 놈들은 다 멸망이다!!
어째 저리 유닛이 빨리 나오는겨?!
연방 제후국 살려!!

프로이센군의 가장 강력한 우위는 철도를 통한 빠른 병력 동원!

집 떠나와~ 열차 타고~♬
전쟁터로 가는 길~♪

전국에서 철도를 통해 동원되어 온 대병력이 여기저기로 수송되어 순식간에 주변 회원국들을 제압.

미국 내전도 북군이 철도로 이겼다더라!

이에 반해 오스트리아는 넓은 영토
여기저기서 병력 모아 오는
것만으로도 이미 몇 턴을 낭비.
제일 멀리 사는 애 올 때쯤엔
종전 기념일이겠네;;

그리고
그렇게 걸어와서
프로이센군과
조우했을 때
맞닥뜨리는
화력의 격차!!
오허허헝?!
TA TA TA TA TA TA

내 후장식
소총 맛이
어떠냐!!

Dryese Zündnadelgewehr

프로이센군이 이미 20년 전부터
개발해 도입한 후장식 소총! 드라이제!

유럽인들이 총을 갈겨온 半천년 동안
총이란 언제나 앞구멍으로
화약과 탄을 넣어야 하는 것이었다.

느리고, 불편하고, 지저분해.
마치 파리 지하철 같군.

So, 총열 뒷구멍으로 장전하는
총에 대한 개념이
계속 연구되어왔고.

이쪽으로 총알을
넣으면 편하겠지?
후장식 총을 만들 경우,
그리 탄을 장전한 후
약실을 어떻게 밀폐하느냐가
가장 큰 관건이었지요.

드라이제 소총은 일단
화약과 탄약을 하나로 포장한
종이 카트리지로 탄피를 삼았다.

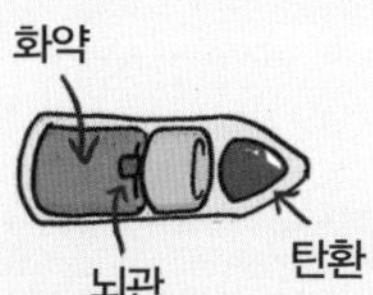
화약
뇌관
탄환

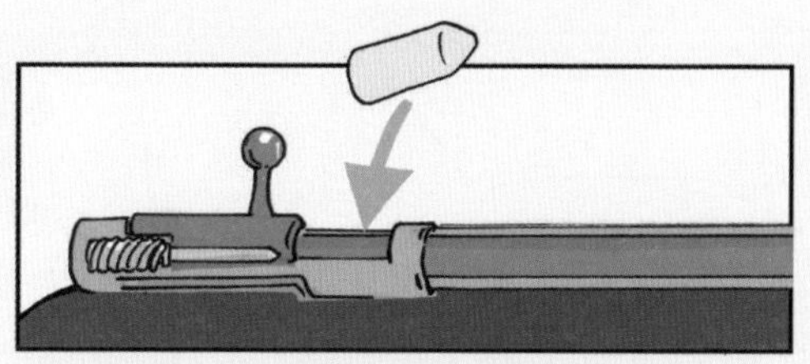

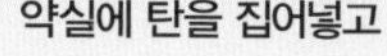
약실에 탄을 집어넣고

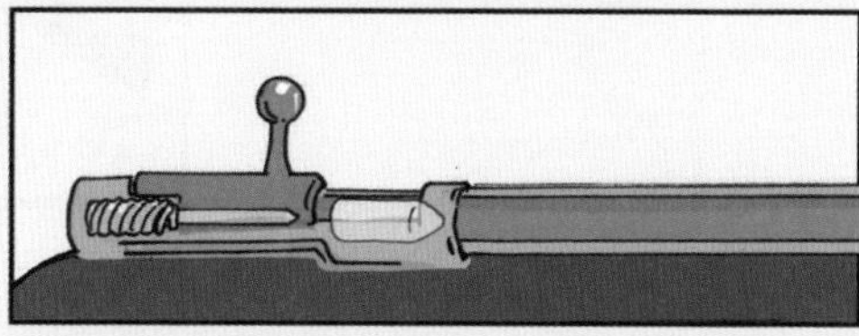

장전 손잡이를 밀어 노리쇠를 전진시켜 약실을 폐쇄한다.

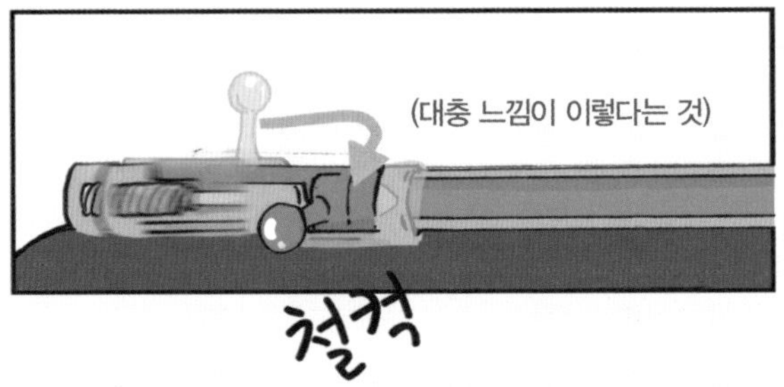
(대충 느낌이 이렇다는 것)
철컥

방아쇠를 당기면
공이 뒤쪽 스프링이 튕기면서
바늘 같은 공이가
탄피 종이를 찢고
화약을 거쳐 뇌관을 때린다.

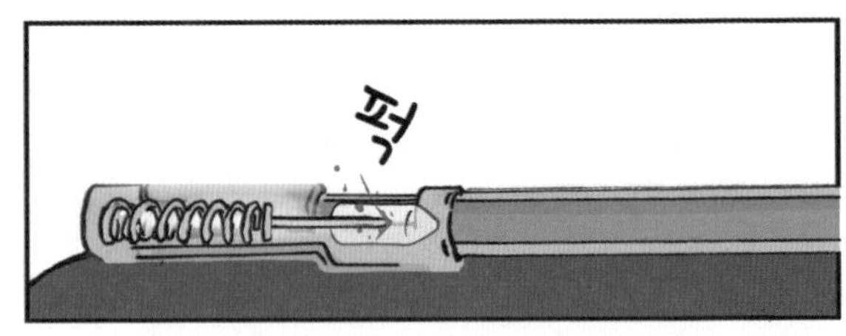
퍽

이 바늘 같은 공이 모양새 때문에 드라이제 소총은
바늘 총- 니들 건이라 불린다.

펑
그리고 강선을 타고 날아가는
탄환이 적의 심장을 노린다!
지-크-하일!!!!!!!!!!!!!

이것이 독일 기술력의 정수!
총기 역사의 분수령!
드라이제 소총! 니들 건이다!
니들 이제 다 뒤졌다!

전장식 소총과 후장식 소총의 장전
속도와 편의도를 비교한다면–

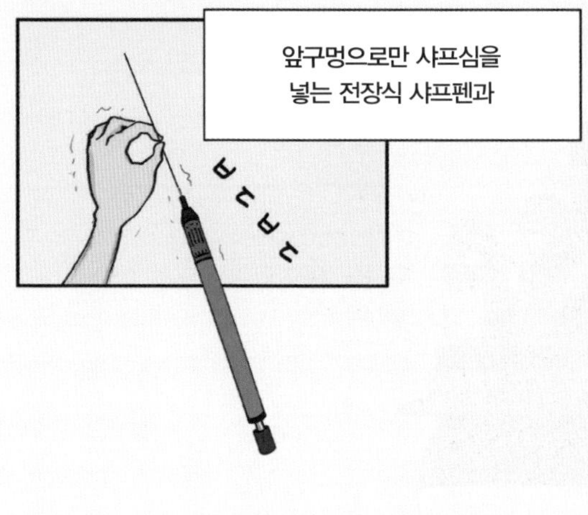
앞구멍으로만 샤프심을
넣는 전장식 샤프펜과

뒷구멍으로 샤프심을 넣는
후장식 샤프펜의 차이 그대로라 하겠다.

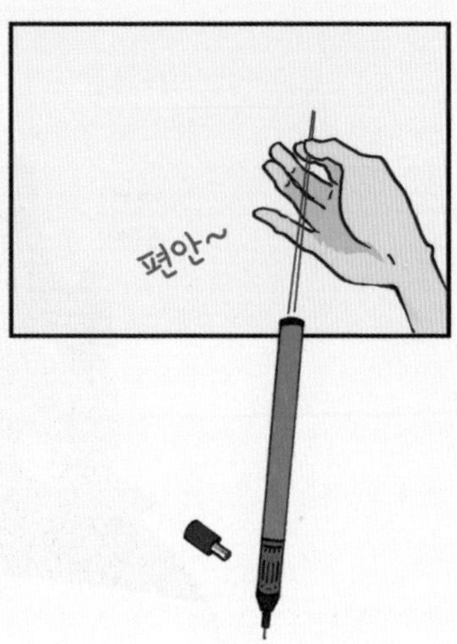
편안~

10초에 한 발씩 쏴제끼며,
엎드려쏴 자세로도 장전할 수 있는
니들 건을 상대로,

전장식 로렌츠 소총을 서서 장전하며
20~30초에 한 발씩 쏘는 오스트리아군은
일방적으로 학살당한다.

멀가중
멀가중
멀중 가중
TA TA TA TA TA TA TA
크윽, 이제는 정녕
후장식의 시대인가!

뭐보다 군 지휘 시스템에서
프로이센군은 참모 본부 시스템을 도입.
각 분야 전문 참모들에 의한
현대적인 작전 수행 능력을 갖췄다.
프로이센군 참모총장
헬무트 폰 몰트케(66세)
오또케?
몰트케!
유머 참모 등용이
시급합니다.

이에 반해 오스트리아군의 귀족 장군들은 헝가리인
사령관 베네데크 장군의 오더를 무시하기가 다반사.
공격!
한타다!
대기~ 일단
운영~

결국 전쟁 발발 2주째에 이르러, 프로이센군 주력이
연전연승하며 쾨니히그레츠에 이르고.

청색·하늘색: 프로이센과 친구들 황색·살구색: 오스트리아와 친구들

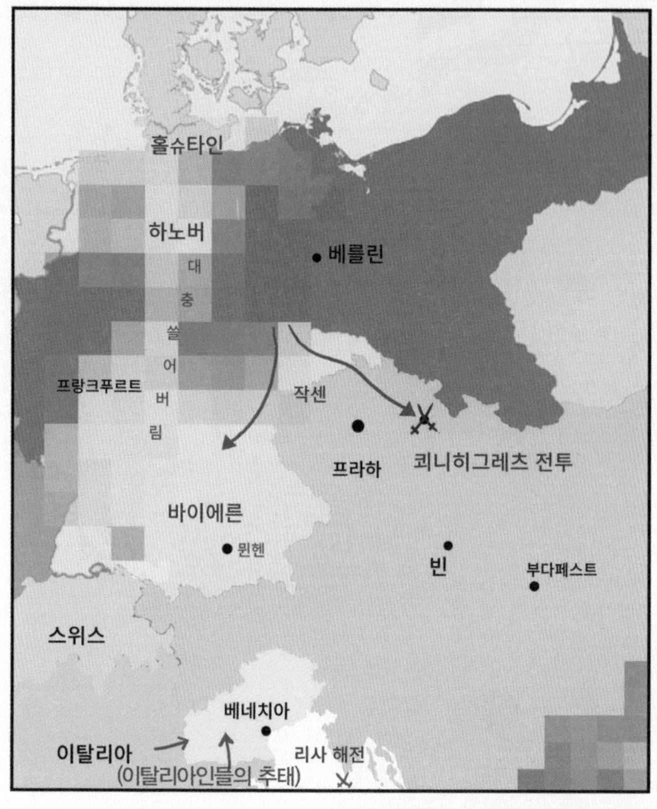

홀슈타인
하노버
베를린
대
충
쓸
어
버
림
프랑크푸르트
작센
프라하
쾨니히그레츠 전투
바이에른
뮌헨
빈
부다페스트
스위스
베네치아
이탈리아
(이탈리아인들의 추태)
리사 해전

1866년 7월 3일, 양측 각각 20만 이상을 동원한
쾨니히그레츠 전투에서 오스트리아군은
4만 이상의 병력을 잃으며 궤멸당한다.

GG~!!
쾨니히그레츠?
괜히 그랬지!!
템빨에 졌다!!

이후, 몇 주간의 협상 끝에 오스트리아가 항복.
7주 만에 전쟁이 끝남에 따라 7주 전쟁이라 불리게 된다.

전쟁 결과, 드디어 프로이센 소원대로 독일연방 해체.

북독일의 여러 군소국가들을
하나의 깃발 아래 모아(몇 개는 잡아먹고)
진짜 국가인 '북독일연방' 건국!

이제 독일 클럽
흘끔거리지 마라!
전쟁 배상금
ㅠㅠ
미니 국가 살려!

오스트리아는 독일에서 추방된다.

자, 이겼으니 빈에서
세리머니다!!
군사 퍼레이드 ㄱㄱ!
으어; 전하;
시체 밟고 춤추기는
제재 대상입니다;;
도발 자제요;;
매너 겜요;;

비스마르크는
빌헬름 1세의 빈 능욕
군사 퍼레이드 계획을 막는다.

전쟁 이기고 지는 거야 뭐
유럽사 일상다반사.
삐지지 말고
뒤끝 두지 말자고~

……

(앞으로를 생각하면 오스트리아에
지나친 원한을 심으면 안 될 것)

이탈리아는 함께 오스트리아를 공격하긴 했지만
졸전을 거듭해 크게 도움이 되지는 못했다.

Venezia
ㅎㅎ;; 그래도 덕분에
베네치아 얻어냈다.ㅎㅎ

어, 우리, 자르랑 룩셈부르크
준다던 얘기는;;;
난 당신이 무엇에 대해
이야기하고 있는지
이해할 수 없습니다.
프랑스 몫에 대해서는 그냥 씹었다.

So, 이렇게 프로이센을 중심으로 북독일연방-
'독일'이라는 강대국이 떠오른 것입니다.

Norddeutscher Bund
아니 그럴 동안
영국은 뭐 한 거임?
독일 소국 가문들
다 망해도 NO상관?
아, 그게;

보오전쟁이 벌어지던
그 1866년 여름.
러셀 내각은 자유당 내
親파머스턴계 의원들의
이탈로 붕괴하게
된 것이었습니다.

여왕도 나를 싫어하고
의원들도 나를 싫어하고
아오, 그 영감쟁이는
죽어서도 태클이네;

그리하여 1866년 6월, 보수당으로 정권 교체!
더비 백작 총리 취임!

이 얼마 만의 보수당
정권인가!
이제 놓치지 말죠~

더비 백작
에드워드 스미스 스탠리(67세)

재무 장관
벤저민 디즈레일리(62세)

러셀 백작은 정계 은퇴하고,
글래드스턴이 자유당 당수行

아들놈이 애 낳으면
손주나 봐야지.
선거법 개혁으로
돌파구를 찾겠습니다.

당시 인구의 5%, 도시 부르주아, 중산층에게만 주어졌던
선거권에 대해 개혁의 목소리가 높아져가고 있었고.

노동자도 직접세, 간접세,
세금 다 내는데, 선거권 주시죠.
선거 개혁!
민주 영국!
선거권! 달라!

장외투쟁에 나선 글래드스턴

작가 출신으로 성공해 대중의 심리에 정통했던
디즈레일리는 보수당발 선거법 개혁을 추진.

도시 중산층은 겉멋에 쩔어서 리버럴 표밭이 된 지 오래입니다.
보수당의 새 지지층은 정직하게 땀 흘려 일하는 가장들에게서 찾아야 합니다.
그럴듯하네.

그리하여 1867년
영국 제2차 선거법 개정!

도시 노동자 세대주들에게 선거권 확대!
유권자 수, 3배로 대폭 증가!!

허걱;
진짜 민주주의는 보수당이 한다는 거 기억해주세요~

그리고 1868년 2월에는
더비 백작이 노환으로 사임.
디즈레일리가 총리에 취임한다.

크핫!
최초의 유대인 총리!!
인간 승리 쩝니다!!
화이팅!

여왕이 작가 총리를 좋아함.

BUT 그해 1868년 12월 총선에서
자유당이 387석을 획득, 271석의 보수당을 대파한다.

크하핫!!!! 역시 국민은 누가
진짜로 민주주의를 위해
싸워왔는지 기억해주는군요!!
크읏; 국민이
배은망덕;;

윌리엄 이워트 글래드스턴(59세) 총리 취임!

자, 이제 리버럴 정권이
착한 영국을 이끌어가겠습니다.
앞으로 리버럴은
진보와 유화를 떠올리게 하는
단어가 될 겁니다.
크앗! 내 리버럴에
그딴 거 묻히지 마라!
자, 세계는 어떻게
굴러가고 있나요~

1867년, 미국이 러시아로부터 알래스카를 720만 달러에 매입.

이제 얼음 걱정 안녕~이십니다!
음;; 필요한 땅인가?
주미 러시아 공사 스테클
수어드 국무장관

베링해의 포경 기지들을 위해서라도 필요한 땅입니다.

아니, 이제 석유 시대가 시작되고 포경 산업은 내리막길인데 포경 기지 때문에 저 얼음 땅을 굳이 살 필요가;;
거, 좀 진득히 기다려보소. 얼음 코인은 반드시 떡상한다!
OIL
영~!

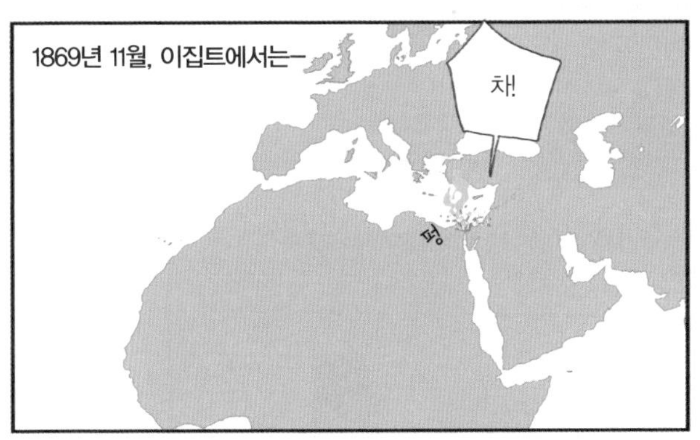
1869년 11월, 이집트에서는—
차!
펑

크하하하핫! 나님은 드디어
큰아버지를 넘어섰다!!!
큰아버지는 이집트에서 발리고
도망가셨지만,
지중해
인도양
나님은 이집트에서
4천 년의 숙원!
지중해와 인도양을 이어부렀어!!!
수에즈 운하 개통!!

1869년 수에즈 운하 개통으로
유럽에서 동양으로 가는 항로,
반으로 단축!

이제 더 가열차게
뜯기게 될 것이다.

수에즈 운하 주식은 이집트 정부 몫 반. 프랑스 민간 자본 반.
운하 개통 기념 대작 오페라도 하나 뽑아봅시다!
사이드 파샤
언젠간 먹고 말겠어.

아, 근데 폐하,
작년에 스페인에서
혁명이 났었잖습니까.
ㅇㅇ. 불쌍한
이사벨이 쫓겨났지.
왕 따위 필요없어!!

그 후 1년여를
과도 섭정 정부가
국정을 맡아왔지만.
…역시 스페인에는
왕이 필요한 듯.
ㅇㅇ. 스페인
공화국은 뭔가
느낌이 쎄-하지.
국왕 급구
경력 무관
4대보험
가족 같은 분위기
스페인어 가능자 우대
문의 : 스페인 대평회의
FAX 031-903-3391

스페인 측에서
유럽 왕공들을 대상으로
국왕 모집에 나섰는데

님, 스페인
왕 함 해보쉴?
띱!
레오폴드 후작

호엔촐레른 지크마링겐 가문(프로이센 왕가 친척)의
레오폴드 후작을 프로이센이 스페인 왕으로 밀고 있답니다!

어림도 없는 소리!!! 아암!!!
어림도 없다!!!
스페인은 프랑스 나와바리다!!
우리 큰큰아버지도
스페인 왕 하셨었제!!

불가! 불가!!
아무튼 그 와중에
동양에 가 있던
프랑스 군사고문단이
귀국하는데~

아니, 님, 꼬락서니가 그게 뭐죠? 무슨 일이 있었던 거임?
.....
벚꽃이 지고, 사무라이도 가고, 칼이 남는다.

Last Samurai들과 무사 정권의 최후를 함께한 이 칼은 이제 앵발리드에서 안식을 가질 것이오.
으따; 일뽕 씨게 박혔네;;
아, 근데 막부 망함?
막부는 멸망했는가?! 8권에서 확인하십시오!

주요 사건 및 인물

주요 사건

병인박해

1860년 베이징 조약으로 조선이 러시아와 국경을 접하게 되면서 러시아에 대한 위기의식이 고조된다. 이에 조선 천주교도들은 대원군의 부인인 여흥부대부인의 천주교 인맥을 통해 대원군에게 프랑스와의 교섭을 주선하는 공작을 시도하지만 실패한다. 이후 천주쟁이들이 수시로 운현궁에 출입한다는 소문이 퍼지면서 정치적 수세에 몰린 대원군은 천주교 박멸령을 내린다. 이로써 조선에 와 있던 프랑스 선교사 11명 가운데 9명이 참수되고 조선 내 천주교 신자 8천여 명이 처형당한다. 이 사건은 같은 해 11월 발생한 병인양요의 원인이 된다.

병인양요

1866년 로즈 제독이 이끄는 프랑스 함대 7척이 프랑스 신부 처형 책임자 처벌과 수교를 요구하며 조선에 쳐들어와 강화도를 점령한다. 이에 흥선대원군은 훈련대장 아래 순무영을 설치하고 의병 궐기를 독려하는 한편 총기 사용에 능한 사냥꾼들을 의병으로 징모하여 대응한다. 한강 하구를 봉쇄하고 강화성, 광성진 등을 점령한 프랑스군은 김포에 상륙해 문수산성을 공격하지만 순무영 초관 한성근의 반격으로 프랑스군 3명이 전사한다. 하지만 압도적인 화력 차이로 조선군은 곧 후퇴하고 프랑스군 역시 성을 불태우고 강화도로 돌아간다. 이후 강화도 수복을 고심하던 순무영 천총 양헌수가 기습 야간 행군으로 정족산성 입성에 성공한다. 이에 프랑스군도 올리비에 대령의 부대를 보내 총격전을 벌였으나 탄약 부족으로 후퇴한다. 그 후 조선에 있던 프랑스 선교사 2명이 무사히 탈출했다는 소식을 확인한 프랑스 함대는 외규장각 도서 등을 약탈한 후 철수한다. 이로써 한 달여에 걸친 작은 전쟁은 조선의 승리로 끝난다.

사이공 조약

1858년 프랑스 나폴레옹 3세는 응우옌왕조의 천주교 박해와 스페인 선교사 2명의 처형을 구실로 베트남에 함대를 파견해 다낭과 사이공을 점령한다. 이후 베트남의 대규모 병력 동원과 기후 요건 등으로 프랑스군이 베트남군에게 포위되면서 프랑스는 베트남에 유리한 강화 제안을 하지만 베트남 측의 거부로 결렬된다. 1860년 제2차 아편전쟁을 마무리 지은 프랑스의 중국 침공 병력이 베트남으로 전용되면서 상황은 반전되고, 1862년 베트남은 남부 영토 할양과 메콩강 개방, 배상금 100만 달러 지급, 신앙의 자유 보장 등을 골자로 하는 제1차 사이공 조약에 합의한다.

양무운동

양무(洋務)란 외교, 통상, 학문, 공업 등 서양에 관련된 사무 전반을 통틀어 일컫는 말로, 19세기 후반 아편전쟁과 애로호 사건 등을 계기로 서양의 위력을 알게 된 청나라 관료와 식자층이 서양의 기술을 들여와 부국강병을 이루고자 한 근대화 운동이다. 공친왕이 베이징에 신설한 총리아문을 중심으로 난징의 금릉기기국, 증국번의 상하이 외국언어문자학관과 강남제조국, 좌종당의 복건성 마미조선소와 제철소 등이 그 산물이다. 한편 1863년, 총리아문에서 헨리 휘턴의 《국제법 원리》를 '만국공법'이라는 제목으로 번역·출간한 후 서양 열강, 특히 영국과의 불평등 조약 개정 논의가 제기되고, 청 조정은 중국에 우호적인 前 미국 공사 벌링게임에게 조약 개정 담판을 맡긴다. 하지만 불평등 조약 개정 합의안이 1870년, 영국 의회에서 부결됨으로써 총리아문의 위신이 크게 깎인다.

염군의 난捻軍之亂

염자(捻子)라는 유민 집단에서 시작된 도적 떼 염군은 태평천국 멸망 후 그 잔당들을 대거 흡수하여 급성장한다. 승격림심이 이끄는 만몽팔기 1만 기가 토벌에 나서지만 염군의 유인책에 속아 고루채 전투에서 궤멸된다. 이에 조정은 증국번을 흠차대신으로 임명하지만 각지에 분산 배치한 회군과 상군 보병 부대들이 기병을 내세운 염군에게 속속 패퇴하고, 1866년 9월 염군의 동서 분리 도주를 계기로 이홍장이 대임을 이어받는다. 윤륭하 전투에서 동염군을 격파한 이홍장은 그 잔당을 산동으로 몰아넣는 작전을 통해 동염군을 궤멸시킨다. 이후 섬감 지역에서 튕겨 나온 서염군이 베이징 근방까지 올라와 무력시위를 벌이지만 화북 전 병력을 이끌고 온 이홍장에게 쫓겨 남하한다. 결국 1868년 6월, 가오탕 일대에서 서염군이 섬멸됨으로써 염군의 난은 종결된다.

제너럴셔먼 호 사건

조선의 프랑스 선교사 처형에 대한 보복으로 프랑스 함대가 침공하리라는 소문을 들은 W. B. 프레스턴(미 상선 제너럴셔먼 호의 선주)은 이를 이용해 이익을 취하고자 조선으로 출항, 영국인 선교사 토머스를 통역관으로 삼고 중국인 선원 등을 고용해 대동강을 거슬러 올라온다. 이들은 평양에서 통상을 요구하다가 거절당하자 행패를 부린다. 이에 평양감사 박규수와 관민들이 합심하여 배를 불태우고 선원들을 사살한다. 이 사건은 1871년 발생한 신미양요의 원인이 된다.

흥선대원군의 개혁

흥선대원군은 1864년부터 1871년까지 7년여간 어린 고종을 대신해 사실상의 섭정으로서 나라를 운용한다. 개혁 정치를 표방한 그는 세도정치의 중추인 비변사를 혁파하고 안동 김씨 세력을 축출하는 한편 전주 이씨를 중심으로 남인과 북인 인사 등을 등용하여 왕권을 강화한다. 또 세제 개편으로 삼정의 문란을 바로잡고 서원 정리를 통해 지방 기득권 세력의 폐단을 척결한다. 그러나 경복궁 중건을 무리하게 추진하는 과정에서 백성들에게 과도한 역을 지우고 당백전 발행으로 물가를 폭등시켜 민심을 잃는다.

주요 인물

가륭제嘉隆帝

베트남의 마지막 왕조인 응우옌왕조를 창시한 인물로 본명은 응우옌푹아인이다. 베트남 남부를 지배하던 광남 응우옌 왕조의 일족으로, 1777년 서산(떠이선) 응우옌씨가 농민 반란을 일으켜 광남 응우옌씨 정권을 타도하고 그 일족을 몰살할 때 가까스로 살아남아 태국으로 도망쳤다. 이후 남쪽을 제압한 떠이선당은 북부의 찐씨 정권까지 멸망시키고, 개입에 나선 청나라 군대까지 격파하며 승승장구하지만, 프랑스인 선교사 베엔느 주교를 통해 프랑스 세력의 지원을 받은 푹아인이 결국 떠이선 왕조를 멸망시키고 베트남을 통일한다. 이후 후에를 수도로 삼아 응우옌 왕조를 창시하고 연호를 가륭이라 했다.

공친왕恭親王

청나라 도광제의 여섯째 아들로 도광제 사후 황위 계승자로 거론되기도 했으나 넷째 아들 혁저(함풍제)가 황위에 오름으로써 공친왕에 봉해졌다. 1860년 서태후와 함께 쿠데타(신유정변)를 일으켜 성공한 후 실직적인 제국 재상 역할을 맡아 나라를 이끌었다. 수석 군기대신으로서 총리아문을 맡아 서양 각국과의 교섭 전반을 주관하고 베이징에 서양 학문을 가르치는 경사동문관을 세우는 등 적극적인 서양 학습 정책을 펼치며 양무운동을 이끌었다.

서태후西太后

청나라 함풍제의 후궁으로 동치제의 생모이자 광서제의 이모로서 47년간 무소불위의 권력을 휘둘렀다. 동치제 즉위 후 공친왕과 공모하여 신유정변을 일으켜 반대파를 숙청하고 동태후, 공친왕과 함께 섭정이 되었다. 1865년 서태후가 어사 채수기의 탄핵안을 받아들여 공친왕을 견제하자 공친왕은 동태후와 동치제를 끌어들여 서태후의 심복이었던 환관 안덕해를 처단한다. 이 사태로 서태후의 위신이 깎였으며 서태후와 동치제의 관계가 틀어지는 계기 중 하나가 된다.

양헌수梁憲洙

조선 후기의 무신으로 1866년 병인양요 때 순무영 초관으로 정족산성에서 프랑스군을 격파했다. 프랑스군에 점령된 강화도 수복을 고심하던 양헌수는 밤을 틈타 500명의 포수를 이끌고 물살이 센 손돌목을 건너 강화도 정족산성에 입성했다. 조선군의 잠입 사실을 안 로즈 제독이 올리비에 대령 휘하 160명의 병사를 보내 정족산성을 공격하지만, 양헌수 부대의 선전으로 프랑스군 6명을 사살하고 수십 명의 부상자를 냈으며 다수의 무기를 노획하는 전과를 올렸다. 정족산성의 승전은 이후 프랑스군이 패퇴하는 결정적인 계기가 되었다.

오경석吳慶錫

조선 말기에 활약한 역관이자 서화가이다. 중인 출신으로 역과에 합격하여 수차례 청에 왕래하면서 서양 열강들의 침략과 태평천국의 난으로 위기에 처한 청의 상황을 목도했다. 이후 청나라 지식인들과 활발하게 교류하는 한편 《해국도지》, 《영환지략》 등을 들여와 개화파 형성을 주도했다. 1866년 병인양요 발발 직전 주청사의 일행으로 베이징에 파견되어 프랑스 함대의 동태와 조선 침공 준비 정황, 프랑스 공사관과 청 조정의 동향 등에 대한 정보를 수집한다. 이러한 정보는 병인양요의 승리에 큰 역할을 했다.

용굉容閎

1854년 예일대학교를 졸업한 중국 최초의 미국 유학 졸업생이다. 1855년 귀국하여 광저우 미국 공사관, 상하이 세관 등에서 일했으며 태평천국 세력에 개혁 정책을 건의하기도 했다. 1863년, 증국번의 막료로 들어가 강남제조국 설립에 필요한 기계 구입을 대행했고 그 공로를 인정받아 청 정부에서 벼슬을 받기도 했다. 후에는 변법자강운동에 참여했으나 운동이 실패한 후 상하이 조계로 피신했다가 청 정부의 수배령을 피해 미국으로 건너갔다. 신해혁명 이후 새 정부로부터 입각 제의를 받았지만 노환으로 인해 귀국하지 못하고 반년 후인 1912년 미국에서 사망한다.

피에르 귀스타브 로즈 Pierre-Gustave Roze

프랑스의 해군 제독으로 1865년 프랑스 극동 함대 사령관으로 임명되어 일본 요코하마에 착임. 병인박해를 피해 조선에서 탈출해온 리델 신부의 요청으로 조선 공격에 나섰다. 전쟁 초반 압도적인 화력 차이로 한강 하구 일대를 장악했으나 조선 측의 거센 반격과 물자 부족으로 더 이상의 교전이 불리함을 깨닫고 약탈한 은괴와 서적 등을 챙겨 철수한다. 이듬해 일본으로 돌아갔다가 1868년 프랑스로 귀국. 이후 보불전쟁에도 참전한다.

흥선대원군興宣大院君

1863년 철종 사후, 흥선군은 어린 둘째 아들(고종)을 왕위에 올리면서 대원군이 되어 섭정을 시작한다. 10년간의 집권을 통해 왕권 강화를 꾀하고 체제 내 개혁으로 왕조 질서 해체의 위기를 극복하고자 했다. 병인양요와 제너럴셔먼 호 사건 등을 거치며 일시적으로 외세의 침략을 저지하기도 했으나 이후 강력한 쇄국정책을 시행하면서 조선의 근대화 타이밍을 놓쳤다는 평가도 받는다. 추사 김정희에게 사사했으며 특히 난을 그리는 데 재주가 있어서, 대원군의 난 그림은 그의 호를 따 석파란으로 불리며 고가에 거래된다.